EXTRAITS

D'UNE

BIBLIOTHÈQUE

D'UN

CITOYEN DU JUSTE-MILIEU.

ALGER

CHEZ DUBOS FRÈRES, LIBRAIRES-ÉDITEURS,

RUE BAB-AZOUN.

—

1849.

OBSERVATION·

Sur 35 individus de la population de la République Française, il y en a bien 34 qui n'ont point assez de fortune pour se procurer une riche bibliothèque. Ce recueil peut, en quelque sorte, leur en tenir lieu : car il leur donne connaissance de ce qui jusqu'à ce jour leur a été caché ou inconnu.

Avec un peu de jugement, chacun devinera le POURQUOI ?

ALGER — IMPRIMERIE BESTEL, PLACE DU SOUDAN.

EXTRAITS D'UNE BIBLIOTHÈQUE

D'UN CITOYEN DU JUSTE-MILIEU.

« L'autorité d'un monarque doit être soutenue par une force militaire », disait le sage Artaxerxès.

On peut répondre à cela, que la modération et la justice ne subsisteront jamais long-temps dans le pays où l'autorité du monarque sera soutenue par une force militaire. Mars est le tyran ; mais le Droit est le souverain du monde.

La force militaire ne peut se maintenir que par des impôts. Tous les impôts tombent à la fin sur l'Agriculture, et l'Agriculture ne fleurira jamais qu'à l'abri de la modération et de la justice.

Le droit humain ne peut être fondé en aucun cas que sur le droit de nature, et le grand principe, le principe universel de l'un et de l'autre, est par toute la terre :

Ne fais pas ce que tu ne voudrais pas qu'on te fît.

Or, on ne voit pas comment, suivant ce principe, un homme pourrait dire à un autre : Crois ce que je crois ; crois ce que je crois et ce que tu ne peux croire, ou tu périras.

Mais on se contente aujourd'hui, dans quelques pays, de dire : Crois, ou je t'abhorre ; crois, ou je te ferai tout le mal que je pourrai ; monstre, tu n'as pas ma religion; il faut que tu sois en horreur à tes voisins, à ta ville et à tout le pays.

Le droit de toute législation est fondé sur la loi de la nature, les lumières de la raison, le vœu et le consentement général.

La volonté et l'intérêt général, c'est-à-dire la justice, progrès naturels de l'instruction, doivent être la loi universelle et fondamentale des sociétés, également obligatoire pour leurs chefs et tous les individus qui les composent.

Le prince, qui n'est autre que le chef de la société, doit donc obéir aux lois; s'il s'en dispense, ses ministres s'en dispenseront aussi. Ce n'est pas même une licence qu'ils prennent, c'est une nécessité à laquelle ils obéissent; car ne pouvant connaître dans toutes les circonstances la volonté de leur maître, il faut bien qu'ils y substituent la leur, puisqu'ils n'ont point de règle fixe pour les guider : ainsi un despote en nécessite une infinité d'autres, et toutes les nations seront toujours le jouet d'un seul ou d'un petit nombre, tant que leurs législations ne limiteront pas l'autorité de leurs chefs de manière qu'ils ne puissent jouir que dans la félicité publique. S'il leur est libre de faire un usage arbitraire de leur puissance, ils se mettront toujours au-dessus des règles de la justice, dussent-ils nuire à leurs propres intérêts, parce que celui qui peut tout, ne connaît d'autre intérêt que l'impulsion momentanée de sa volonté ou de sa fantaisie.

Extrait de la Tragédie de DIDON, *premier ouvrage*
de Lefranc de Pompignan, 1ᵉʳ acte, scène 2.

———

Jarbe demandait à Didon de quel droit elle régnait
en Afrique.

S'il fallait remonter jusques aux premiers titres,
Qui du sort des humains rendent les rois arbitres,
Chacun pourrait prétendre à ce sublime honneur :
Car le premier des rois fut un usurpateur.

N. B. *Ces vers furent retranchés par la police, et jamais ils n'ont*
été récités au théâtre ni imprimés.

———

Extrait du MONITEUR *du 20 germinal, an* VI *de la*
République Française.

———

La pièce qui suit est extraite des papiers trouvés
chez DURAND-MAILLAÑE et a été lue dans le cours de la
procédure relative à cet ex-conventionnel.

Cette pièce est en marge cotée et signée par Durand-
Maillanne, qui a observé à la suite de sa signature, qu'il
l'a signée sans la juger, et comme étrangère à son
affaire ; il n'a pas dit si elle était étrangère à son opinion.

———

« On entend dans toutes les langues par le mot

Émigration (car celui *Émigré* ne se trouve dans aucun dictionnaire), des personnes qui ont quitté volontairement leur patrie pour aller se fixer ailleurs.

« Rien n'est plus fait pour justifier de l'égarement de l'esprit public et individuel en France, que l'application que l'on y a fait du mot *Émigré* aux rebelles, aux traîtres, aux factieux, aux proscrits, aux peureux, aux fuyants la mort ; car je pose en fait, que sur plus de quatre cent mille hommes qui sont sortis de la France, il n'y en a pas un qui l'ait fait avec intention de s'expatrier. Rien donc de plus absurde que cette application du mot *Émigré* à des victimes de la méchanceté humaine.

« Il faut fixer l'opinion sur ce point ; pour pouvoir le faire, il faut savoir la vérité sur toutes les choses, afin de donner une idée juste des causes de nos maux, seul moyen d'y mettre fin.

« On sait que lors de l'assemblée des notables, le bureau de MONSIEUR, frère du roi, fut absolument contraire à tous les autres : ce prince calculait depuis long-temps les moyens de se faire tout au moins nommer *régent* du royaume. Il a varié dans ses projets ; son dernier fut de ressusciter la grande féodalité, et voilà pourquoi il acquit des terres dans toutes les provinces, afin d'avoir une souveraineté dans toutes.

« Il n'y a aujourd'hui que très-peu de personnes qui savent qu'il est l'auteur du dépôt des pièces qui fut fait au parlement de Paris, lors de l'assemblée des notables, par le duc de Fitz-James, au nom des ducs et pairs du royaume : ces pièces mensongères avaient été forgées dans un conciliabule, pour priver les enfans

du roi de l'héritage de leur père. La couronne devait
passer aux enfans du comte d'Artois (1).

« Le duc d'Orléans a été partisan de ce projet, qu'il
a ensuite abandonné, dirigé en cela par le cabinet de
Londres.

« Lafayette a également trempé dans ce complot,
mais seulement pour masquer le sien. Tous ceux qui
ont été en Amérique avec lui déposeront qu'ils lui ont
entendu dire publiquement et plus d'une fois : Quand
est-ce donc que je me verrai le Washington de la
France ! Il voulait en faire une république fédérative,
s'il eût été nommé maire de Paris ; il avait pour lui la

---

(1) On a remarqué une observation de MONSIEUR, au baptême de
MADAME, fille du Roi. On sait que ce prince tenait l'enfant sur
les fonts pour le Roi d'Espagne. Le Grand-Aumônier lui a demandé quel nom il voulait lui donner ; MONSIEUR a répondu :
« Mais ce n'est pas par où l'on çommence ; la première chose
est de savoir quels sont les père et mère ; c'est ce que prescrit
le rituel. » Le prélat a répliqué que cette demande devait avoir
lieu lorsqu'on ne connaissait pas d'où venait l'enfant ; qu'ici
ce n'était pas le cas, et que personne n'ignorait que MADAME était
née de la Reine et du Roi. Son Altesse Royale non contente,
s'est retournée vers le Curé de Notre-Dame, présent à la cérémonie, a voulu avoir son avis, lui a demandé si lui, curé, plus au
fait de baptiser que le Cardinal, ne trouvait pas son objection
juste. Le Curé a répondu avec beaucoup de respect qu'elle était
vraie en général : mais que dans le cas-ci, il ne se serait pas
conduit autrement que le Grand-Aumônier ; et les courtisans
malins de rire.

Tout ce que l'on peut inférer de là, c'est que MONSIEUR a beaucoup de goût pour les cérémonies de l'Église ; est fort instruit
de la lithurgie et se pique de connaissances en tous genres.

(Voyez BACHAUMONT, 12 janvier 1779, tome 2.)

garde nationale, on l'aurait vu sauter de son fauteuil de maire sur le trône.

« Le marquis de Favras a été sacrifié à l'ambition de MONSIEUR, qui s'était lié d'intérêt avec Lafayette pour conduire le roi à Péronne, et se faire nommer régent du royaume. Si ce projet eût réussi, il aurait fait usage des pièces déposées au Parlement pour faire déclarer que ses enfans n'étaient pas de lui.

« La fuite du roi avait été concertée par M. de Mercy et Thugut, l'un et l'autre ayant pour objet de déjouer les projets de MONSIEUR, du duc d'Orléans et de Lafayette. Le roi, qui était encore dans l'ignorance de toutes choses, mit son frère dans la confidence, et celui-ci, pour tourner à son profit sa fuite, y mit le sieur Lafayette qui, à son tour, trompa tout le monde.

« On sait que le roi sortit du château des Tuileries avec son frère; qu'ils prirent la même route; que MONSIEUR se sépara de son frère, que Lafayette favorisa la fuite de l'un et fit arrêter l'autre.

« On se rappellera aisément que ce fut le sieur Lafayette qui, sentant qu'il ne viendrait pas à bout de rien, qu'autant que la noblesse serait dehors, fit décréter par l'assemblée, avant de quitter le commandement de la garde nationale, qu'il était libre à chacun d'aller et de venir hors du royaume.

« MONSIEUR fit circuler de Coblentz dans tous les recoins du royaume des lettres portant que la noblesse qui n'émigrerait point serait rayée du tableau; que l'officier qui serait resté à son corps en serait renvoyé; que les personnes qui auraient accepté des emplois en seraient chassées; que l'acquéreur du bien du clergé le lui restituerait; que tout serait rétabli sur l'ancien pied; que les constitutionnels seraient pendus, et qu'on traiterait le tiers à coups de triques et coups de pied dans le ventre.

« Ces lettres n'ayant point d'abord produit leur effet, il députa de Coblentz des intrigans vers le sexe, pour le prier de mettre l'émigration à la mode et d'envoyer des quenouilles à ceux qui ne voudraient point sortir.

« Les prêtres, d'un autre côté, criaient à tout le monde, en leur qualité de bergers de l'esprit public : « à Coblentz ! à Coblentz ! faut-il donc que ce soit nous qui vous donnions l'exemple du courage et de la fermeté ! » Les gentillâtres n'avaient jamais cherché de guides que le roman et dans le monde ; et tous, conduits par les prêtres, les suivirent dans la madrague du temps.

« A leur arrivée à Coblentz, MONSIEUR, pour leur justifier que ce n'était pas la cause du roi qu'ils venaient embrasser et que la déclaration du 25 juin était un piége que sa faction déroutée avait tendu au tiers-état, se fit remettre les croix et brevets expédiés depuis cette déclaration, en preuve qu'il ne reconnaissait plus l'autorité de son frère, au nom de qui ces expéditions avaient été faites. Pour s'assurer de ceux qui avaient sorti de l'argent, il le leur emprunta ; pour rassurer un chacun contre le mérite et les talens, il vendit les emplois ; et pour prouver à tous qu'il était insensible à tout ce qui se faisait de mal au-dedans, il excita les spectacles, les bals, les jeux, les filles, et scandalisa jusqu'au roi de Prusse par son luxe et ses prodigalités. Ce monarque, pour lui faire sentir qu'il improuvait sa conduite, l'invita à dîner, ne fit servir que quatre plats, et lui dit qu'il n'était pas assez riche pour le traiter comme il l'avait fait.

« Le projet de Monsieur était, en faisant émigrer le clergé, la noblesse et les riches, de se former un parti dans le dedans, de leurs parens et amis, s'il n'eut point été trompé par moins détestables que lui. Maître à ce moyen de l'opinion, il se serait fait déclarer régent du royaume, aurait dépouillé le roi des attributs de la royauté, aurait fait avaler à la reine le calice des déboires jusqu'à la lie, et aurait fait usage contre leurs enfans des pièces déposées au parlement.

« Monsieur avait porté son attention sur toutes choses, afin de diriger l'opinion au gré de ses désirs ; il avait attiré au dehors tous les plus fameux spadassins et tous ceux qui ont osé manifester une opinion contraire à la sienne, dire qu'une constitution était nécessaire, ont été ou tués par ces spadassins, ou pendus, ou jetés dans le Rhin avec une pierre au cou. Ce sont ces faits qui l'ont rendu odieux à l'émigration, et il n'en est aucun qui ne l'accuse, dans le dehors, d'être l'auteur de tout le mal.

« Aussitôt sa sortie de France, il envoya en son nom des agens auprès de tous les princes de l'Europe. Leurs missions étaient de les tromper sur toutes choses et d'empêcher qu'aucun Français ne pût faire parvenir la vérité.

« Lorsqu'il vit que l'empereur Léopold ne voulait pas déclarer la guerre à la France, il emprunta deux millions en Hollande, et les envoya à Dumourier, pour qu'avec cette somme il corrompit le conseil du roi et lui fit déclarer la guerre à l'Empereur et au roi de Prusse. Cette perfidie a transpiré et a beaucoup contribué à la retraite du roi de Prusse, qui pour s'en venger ainsi que l'Empereur, n'ont point voulu lui souffrir d'armée. Voilà l'unique cause du licenciement de celle qu'ils avaient consenti qu'il eût.

« Comme le prince de Condé n'a jamais eu aucune part à toutes ces intrigues, et pour humilier davantage les frères de Louis XVI, ils lui ont conservé la sienne.

« Les émigrés, s'entend les grands seigneurs et les évêques, disaient hautement, en 1792, que le roi était *jacobin-constitutionnel*, qu'il n'était point propre à la couronne, qu'il fallait un régent, et désignaient pour cette place MONSIEUR.

« Il y a un temps prescrit par l'expérience pour que la vérité soit mise au jour sur toutes choses; on peut néanmoins avancer, en attendant qu'on ait ramassé çà et là cette vérité, que c'est le dehors qui a dirigé Robespierre; il était entouré d'agens de MONSIEUR, qui lui ont successivement désigné les personnes dont il craignait les remords, celles qui avaient pénétré ses projets, et celles qu'il savait ne lui être point favorables.

« On sait que Pelletier de Saint-Fargeau gagna deux cents voix en un jour pour la mort du roi; on sait que dans le dehors les émigrés répétaient comme des perroquets, que le sacrifice du roi avait été nécessaire; qu'on ne voulait ni de la reine pour régente, ni de son fils pour roi; que les princes étaient d'accord sur cela avec les princes du sang et la haute noblesse. Tous ces propos sont parvenus à la cour de Vienne, aussi l'Empereur n'a jamais voulu recevoir dans ses Etats, ni le prétendant ni son frère. Peu de personnes ignorent la réception que fit à ce dernier l'électeur de Cologne. Il lui signifia de sortir de son électorat dans les vingt-quatre heures.

« On sait que tous les membres du Parlement qui
ont eu connaissance du dépôt fait par le duc de Fitz-
James ont été guillotinés, que M. de Malesherbes l'a
été parce qu'il était dépositaire du codicile du roi.

« On remarque, en lisant son testament, qu'il ne
recommande point ses enfants à ses frères, mais à sa
sœur. On sait que le maréchal de Mouchi a été guillotiné pour avoir révélé au roi le projet de l'émigration, et que Mme Elisabeth l'a été parce qu'elle avait
pris, avec son frère, l'engagement de révéler toutes
ces horreurs à son fils, lorsqu'il aurait atteint l'âge de
raison. Enfin on sait que le prétendant est abhorré de
toute l'émigration, qu'elle ne voit en lui qu'un Tartuffe, auteur de tous les malheurs dont la France est
affligée, et l'on y est étonné de ce que personne n'ose,
pour y mettre fin, donner le jour à la vérité. Cette
matière requiert une plume nerveuse, et je ne vois que
le brave, que l'incomparable Durand-Maillanne qui
puisse devenir le guide de l'esprit public, et c'est à
cette fin que je lui fais part de ces notes. »

Extrait du MONITEUR *du 20 germinal an* VI *de
la République.*

LE REPRÉSENTANT DU PEUPLE ROUSSEAU,

Membre du Conseil des Anciens,

Au Rédacteur du Moniteur.

En publiant dans votre numéro 200, une pièce trou-
vée dans les papiers de Durand-Maillanne, vous avez

levé un coin du voile qui cache encore, aux yeux de la plupart des Français, la source effroyable des maux qui ont si long-temps désolé notre malheureuse patrie.

L'influence que cette pièce attribue au Prétendant sur la mise en jugement et la condamnation d'une foule de ci-devant nobles et de parlementaires ne m'a point étonné. J'étais persuadé depuis long-temps qu'une main invisible avait souvent dirigé Robespierre et ses abominables suppôts dans le choix de leurs victimes ; j'étais persuadé que c'était à Coblentz qu'avaient été prononcés la plupart des arrêts, qu'une férocité stupide et aveugle exécutait dans toute la France contre une foule de républicains ; et que les anarchistes de l'an 2, en se couvrant du manteau du républicanisme, n'avaient été que les instrumens des vengeances et de l'ambition des deux frères du dernier roi.

J'en dois la première idée à un citoyen avec lequel j'ai été long-temps détenu ; il avait vécu à la cour et connaissait mieux que personne les secrètes intrigues et le caractère perfide et atroce des chefs de l'émigration.

Tous les jours, à la lecture des listes des condamnés, il m'indiquait les noms de ceux dont les rois de Coblentz avaient demandé la mort, et m'en expliquait les motifs.

Cette idée, je l'avoue, me parut d'abord absurde.

« Quelle apparence, lui disais-je, que le tribunal révolutionnaire soit vendu au royalisme, ou qu'il le serve à son insçu ? ni l'un ni l'autre n'est vraisem—blable. »

Cependant plus les exécutions se multipliaient, plus les remarques de mon camarade de détention acquéraient de vraisemblance et de poids. « Comment ! ne voyez-vous pas, me disait-il, qu'on poursuit et qu'on égorge de préférence tout ce qui a pris part à la révolution, ou qui, devant émigrer, a refusé de le faire ! »

« Quel est le crime de Chapelier ! la nuit du 4 août ?

« Pourquoi Thouret et Desprémenil vont-ils ensemble à l'échafaud ? C'est parce que le premier s'est assis sur un fauteuil parallèle et égal à celui du roi, et que l'autre a soulevé le parlement contre l'autorité du trône.

« Des patriotes trompés croient que l'ex-maire Bailly a été guillotiné pour avoir déployé le drapeau rouge au Champ de Mars ; c'est une erreur. On a puni Bailly d'avoir présidé à la séance du jeu de Paume. Si cela n'était pas, tous les municipaux qui l'ont accompagné au Champ de Mars, n'auraient-ils pas partagé le sort qu'on a fait éprouver à leur chef ? On ne me persuadera jamais que ce soit par des motifs d'humanité que Robespierre et ses accolytes les épargnent.

« Voyez, me disait-il une autre fois, voyez le prix que le général Custine a reçu de ses services : il était noble, et il a servi la république ; c'est un crime qu'on ne pardonne pas à Coblentz ; et vous verrez tous les ci-devant nobles qui commandent encore aujourd'hui ou qui ont commandé des armées républicaines, éprouver successivement le même sort. »

Effectivement, peu de temps après, Biron et ensuite Beauharnais furent guillotinés. Destaing, qui avait commandé la garde nationale de Versailles, le fut de même.

« Est-ce pour maintenir ou pour venger la république qu'on a lancé les vingt-deux à l'échafaud ? Qu'avait-on à leur reprocher ? rien sans doute, puisqu'on a pris le parti de les condamner sans les entendre : leur véritable crime était de s'être dévoués au service de la cause du peuple, et d'avoir été en partie les fondateurs de la république : on les a jugés ici comme on l'eût fait à Coblentz.

« Voilà l'ex - comte de Mirepoix condamné : il avait cent mille écus de rente ; il n'a point émigré, il fallait qu'il pérît. Vous verrez toute la ci - devant haute noblesse et tous les membres des Parlemens, restés en France, punis de même de leur non - émigration.

« D'Orléans, tout immoral qu'il était, avait-il démérité de la faction dominante ? n'est-il pas plus clair que le jour que l'ordre de le traduire au tribunal révolutionnaire est venu du dehors ?

« Et ce malheureux Camille Desmoulins était-il contre-révolutionnaire, lui qui depuis l'enfance ne rêvait qu'indépendance et liberté ? La révolution l'avait trouvé républicain, il aimait la république comme Cicéron a aimé sa patrie ; il haïssait la tyrannie comme Tacite ; les vrais patriotes, les républicains demeurés purs, peuvent lui reprocher des erreurs, et surtout une prévention inconcevable en faveur du monstre qui l'a livré à la mort. Mais quel était donc son crime ? était - ce d'avoir réclamé des mesures de clémence ? Robespierre lui-même avait approuvé son ouvrage. Son crime était d'avoir donné au peuple, le 12 juillet 1789, le signal de la liberté en arborant le premier la cocarde tricolore nationale, et d'avoir déterminé l'attaque et la prise de la Bastille. » Toutes ces observations et une foule d'autres que j'omets ou dont le souvenir m'est échappé, démontrent 1° que les décemvirs ne

voulaient ni république ni républicains ; 2° que leurs
boucheries révolutionnaires étaient, pour la plupart,
de véritables hécatombes que la sottise et la trahison
immolaient à la vengeance royale.

Je ne prétends pas que dans le nombre effrayant
des assassinats juridiques, qui ont souillé cette époque,
il n'y en ait pas eu beaucoup qu'on ne peut attribuer
qu'à des haines privées, à un système exécrable de
désorganisation et à l'exaspération d'un parti acharné
à la ruine de tout ce qui pouvait lui porter ombrage ;
mais il n'est pas moins certain qu'il est impossible de
méconnaître, dans le cours de ces horreurs, l'influence
de ceux qui espéraient encore hériter du trône qui
n'existait plus.

En voulez-vous une preuve dont l'évidence doit frapper quiconque daignera y réfléchir ? parcourez la san-
glante histoire de la Vendée.

Le comité de Salut Public et surtout Robespierre
étaient tous les jours avertis par des voies non suspectes
des atrocités qui se commettaient dans ces déplorables
contrées. De toutes parts s'élevaient les plaintes les
plus vives contre des généraux dont l'impéritie et les
trahisons alimentaient cette guerre affreuse, et en at-
tisaient l'embrasement au lieu de s'appliquer à l'éteindre. Cependant le décemvirat ne se montrait pas moins
obstiné à leur continuer sa confiance. Les auteurs de
vingt défaites sanglantes et honteuses étaient mainte-
nus dans leurs postes, tandis que Guétinaud et Wes-
termann payaient de leurs têtes les succès qu'ils avaient
obtenus contre les rebelles.

L'estimable et malheureux Phelippeaux, indigné de
tant de crimes et d'ineptie dont il avait été témoin, essaya

enfin de porter le flambeau sur tant d'horreurs, trop long-temps méconnues ou dissimulées. Il publia un mémoire qui aurait dû ouvrir les yeux aux comités du gouvernement, s'ils eussent agi de bonne foi. Qu'arrive-t-il? au lieu de couronne civique que méritait la courageuse franchise de ce vertueux républicain, Robespierre et ses complices l'envoient à l'échafaud : l'aurait-on traité différemment à Coblentz?

Personne n'ignore aujourd'hui que cette guerre si longue, si cruelle et si désastreuse, aurait pu, dans son origine, être étouffée sans peine si le gouvernement l'eût voulu! pourquoi donc a-t-il négligé de le faire? pourquoi s'offensait-il qu'on en révélât la honte et les fureurs? Il avait donc des raisons secrètes pour la prolonger ; et ces raisons n'étaient absolument ni la gloire, ni le bonheur, ni la tranquillité de la république; et comme il n'y avait que le royalisme et ses chefs qui pussent en profiter, c'était donc pour eux et à leur instigation qu'on se refusait à guérir et à fermer cette plaie horrible de l'Etat.

A des faits si concluants, permettez-moi, citoyen, d'en ajouter encore deux qui méritent d'être connus.

Vous vous rappelez que pour appaiser les cris des républicains détenus, les comités de Salut public et de Sûreté générale proposèrent à la Convention l'établissement de six commissions populaires, qui devaient être chargées d'entendre les réclamations des patriotes incarcérés, et d'en préparer leur élargissement.

Que firent ces commissions? elles ne trouvaient que des coupables; cependant, dans la maison d'arrêt où j'étais, un détenu fut élargi par elles : vous allez peut-être en conclure que c'était un patriote, un républicain bien prononcé ; que penserez-vous donc lorsque vous saurez que ce détenu avait été incarcéré pour avoir dit dans la section que : *la France n'était point propre à former une République, et qu'elle ne pouvait se passer d'un Roi ?* C'était ce que portait l'écrou de ce particulier ; et c'est après avoir vu cet écrou, que la commission le mit en liberté, sans même qu'il eût sollicité ou fait solliciter cette faveur. Voilà, citoyen, quels étaient les républicains qui présidaient alors à nos destinées.

L'anecdote qui me reste à vous raconter, porte encore un caractère plus frappant d'intelligence entre Coblentz et le tribunal révolutionnaire. Cependant, je ne crains pas de vous en garantir la vérité, d'après le témoignage d'un citoyen dont la véracité m'est parfaitement connue. Voici le fait :

Un ex-noble du ci-devant Dauphiné, précédemment officier de dragons, et qui avait quitté le service pour ne pas prêter le serment à la République, est traduit sous le régime de la terreur au tribunal révolutionnaire de Paris. Brochet, un des jurés de ce tribunal, lui demande s'il s'est trouvé à l'assemblée de Vizille (1) ? Il répond qu'il ne s'y est point trouvé..... Tu es bien heureux, lui dit le juré, car tu l'aurais payé de ta tête. Et il fut acquitté.

Que peut - on conclure de ce fait, sinon que le tri-

---

(1) On doit se rappeler que ce fut à Vizille que les ci-devant nobles du Dauphinois s'assemblèrent pour faire rendre à la province ses États et ses priviléges ; qu'ensuite ils convoquèrent les trois ordres à Romans, et qu'il y fut décidé que le Tiers-État aurait une double représentation.

bunal révolutionnaire de Paris avait ordre de punir de mort ceux qui les premiers avaient donné à la France le signal de la révolution, et d'acquitter ceux qui avaient refusé de prêter serment à la République. Un tribunal, présidé par le Prétendant en personne, aurait-il jugé d'une manière différente ? et peut-on, d'après un fait de cette nature, révoquer en doute l'intelligence qui a régné entre Coblentz et les membres du régime anarchique.

Salut et Fraternité.

Signé : **ROUSSEAU.**

***

*Dans l'*EMPRUNT FORCÉ, *comédie-vaudeville jouée en 1799, on trouve ce couplet qui restera longtemps à l'ordre du jour :*

— Aurons-nous la guerre ou la paix ?

— Qu'importe, nous sommes en place.

— Espère-t-on de grands succès ?

— Qu'importe, nous sommes en place.

— On voit partout des mécontens !

— Qu'importe, nous sommes en place.

— Cela durera-t-il long-temps ?

— Tant que nous resterons en place.

LA DANSEUSE **CHAMEROY**

EN PARADIS,

ou

SAINT-ROCH ET SAINT-THOMAS.

Nouvelle.

Du Paradis savez-vous la nouvelle ?
Ces jours derniers une morte, assez belle,
Toucha le seuil du céleste manoir.
Elle était pâle, et sa tendre prunelle
En s'éteignant, jetait une étincelle
Faible et semblable aux feux mourans du soir.
Le vieux Saint-Pierre, à son poste fidèle,
Par la pitié se sentit émouvoir :
Ma chère enfant, ma belle demoiselle,
A vingt-trois ans, quoi ! vous venez nous voir !
Que je vous plains !... que la mort est cruelle !
J'aurais jadis, soit dit sans vous flatter,
Pris grand plaisir à vous ressusciter ;
Mais j'ai perdu ce talent efficace.
En paradis vous cherchez une place ?
Eh ! mieux que vous qui peut la mériter ?
Vous êtes jeune, aimable, intéressante ;
Mais apprenez l'étiquette, le ton ;

On n'entre pas sans avoir un patron ;
Comme à la cour , il faut qu'on vous présente.
Pour satisfaire à ce devoir commun ,
Parmi nos saints , n'en serait-il pas un
Qui vous connût, ou qui, sans vous connaître,
Voulût de vous répondre auprès du maître ?
Je briguerais cette faveur pour moi ;
Mais un portier se tient dans son emploi :
Je n'ai point droit à la cour de paraître.
— De vos bontés , répondit Chameroy ,
Je suis touchée. Autant qu'il m'en souvienne
Je dois connaître un saint en ic, en oc ,
Dont à Paris j'étais la paroissienne.
Aidez-moi donc. — Serait-ce point saint Roch ?
— Oui, ma demeure était près de la sienne.
A dire vrai , nous nous voyons très-peu ;
Mais je payais avec beaucoup de zèle
Pour le fêter, pour parer sa chapelle ,
Pour la façon d'ornemens rouges, bleus ,
Que sais-je, moi? pour l'Avant, le Carême ;
Huit jours encor ne sont pas révolus
Depuis que j'ai payé certain baptême
Vingt-cinq louis , que saint Roch a reçus
De bien bon cœur. — Eh ! n'en dites pas plus ;
Certes, ce saint aurait mauvaise grâce
A refuser de vous servir d'appui :
En assurance adressons-nous à lui ;
Fort à-propos voilà son chien qui passe ;
Voilà le maître..... Ils ne se quittent point.
— Mon frère Roch , vous venez à tout point :
J'ai dans ma loge une charmante dame
Qui vous connaît, et de vous se réclame ;

Accourez donc. — Roch arrive : Pourquoi
Me déranger ? et que veut-on de moi ?
La belle expose en tremblant sa requête.
Roch l'interrompt et d'un ton malhonnête :
C'est bon.... c'est bon.... que fesiez-vous là-bas ?
Votre métier ? — Mon art était la danse ;
Je m'appliquais à former en cadence,
A dessiner mes mouvemens, mes pas ;
Pour mon pays ces jeux ont des appas ;
Et chaque soir sur un brillant théâtre,
Aux yeux ravis d'un public idolâtre,
Je figurais dans un ballet charmant,
Tantôt la reine et tantôt la bergère :
On s'enivrait de ma danse légère ;
Le magistrat, le guerrier, le savant,
La fille assise à côté de sa mère,
Venaient goûter un plaisir élégant.
— Fi ! reprit Roch, fi ! quelle extravagance !
Je ne suis point ami de l'élégance ;
Je suis grossier et dur par piété ;
A Montpellier né de parents honnêtes,
Pouvant jouir de la société,
De ses douceurs, j'allais parmi les bêtes,
Au fond des bois, vivre seul, ennuyé,
Ayant mon chien pour tout valet de pied ;
Sur un fumier, j'y mourus de la peste,
Et vous venez d'un air pimpant et leste,
M'importuner de ballets, de plaisirs !
La danse ! oh ciel ! rien n'est plus immodeste.
Puisqu'à ces jeux vous perdiez vos loisirs,
Soyez damnée, et sans miséricorde.
Allez-vous-en : que mon chien ne vous morde.

— Pierre rougit de ce discours brutal :
Consolez - vous , dit l'indulgent apôtre ;
Quand par hasard un saint vous veut du mal ,
On peut souvent être aidé par un autre.
Adressons - nous au complaisant Thomas ,
Qui, par bonheur , demeure à quatre pas.
— Pierre l'appelle et lui conte l'affaire ;
Thomas sourit. . . . on peut vous satisfaire. . . .
Très-volontiers. . . . Je veux vous dire un mot ;
Éloignons-nous , ma belle enfant, pour cause ;
Et parlons bas. Ce saint Roch est un sot ,
Un triste fou que la joie indispose ,
Qui n'a rien lu , qui ne sait pas grand'chose ,
Cela croit tout , moi je suis saint Thomas ,
A moins de voir, je dis : je ne crois pas.
Fort aisément , je croirai, par exemple ,
Que vous laissez là-bas bien des regrets ;
Ces traits charmans qu'ici mon œil contemple ,
Un peu changés ont encore tant d'attraits !
Je vois des pieds , je vois des mains charmantes
Et qui doivent être bien caressantes ;
Elles étaient libérales aussi ,
J'en suis certain. Or, pour entrer ici ,
C'est un grand point, un point cher aux apôtres ,
Il faut toujours payer avec nous autres ,
Vous le savez. — Eh bien ! s'il est ainsi ,
Laissons l'emphase et les complimens fades ,
Reprit la belle , et soixante louis
Que mes amis , mes braves camarades
Vous donneront. . . . . Ces mots à peine ouïs ,
Thomas ouvrait de grands yeux réjouis :
— Aux saints canons quand on est si soumise ,

Chez nous, dit-il, on est sans peine admise ;
Venez, venez. Pierre les introduit.
Thomas s'avance, et Chameroy le suit.
Elle entre au ciel. Son air touchant, modeste,
Charme soudain toute la cour céleste.
Le bon patron avec ardeur la sert ;
Vite il s'empresse ; il arrange un concert :
Le roi David avec sainte Cécile
Font résonner une corde docile ;
On exécute en genre italien
Une sonate, et monsieur saint Julien,
Ménestrier et racleur de campagne,
D'un aigre archet, trop fort les accompagne.
A leurs accens, notre belle dansa ;
Dieu la voyait, elle se surpassa.
Les Chérubins, les Thrômes, les Archanges
Étaient ravis, la comblaient de louanges ;
Le roi David, danseur très-vigoureux,
Quitta sa harpe : on eut un pas de deux
Vraiment divin ; ce fut une soirée
Douce, rapide, au plaisir consacrée :
On s'amusa comme des bienheureux ;
Et le ballet, goûté des trois personnes,
Trompa du ciel les langueurs monotones.
La Sainte–Vierge, au moins de temps en temps,
Dit qu'il faudrait avoir ces passe-temps :
Bal, opéra, concert ou comédie.
Le Saint-Esprit, qui veut plaire à Marie,
Prend la parole : — Élus du Paradis !
Voilà pourtant ce que la barbarie,
Un zèle faux repousse, excommunie !
De ces talens par vous tant applaudis,

Vous jouissez, vous sentez tout le prix !
Vous les aimez ! et Roch veut qu'on les damne !
Assurément ce Roch est un profane ;
Mais la beauté, les talens sont sacrés ;
Bien avant nous, ils étaient adorés.
Vous le savez, vous avez lu l'histoire.
Protégeons-les, ils feront notre gloire
Et nos plaisirs. Des arts les favoris,
Chers aux mortels, chez nous seraient proscrits !
Non, non, jamais ! Aux auditeurs ravis
Le mouvement parut très-oratoire.
Le Saint-Esprit gagna tous les esprits.
Décret soudain, conforme à son avis,
On ajouta, pour lever tout scrupule,
Qu'on en ferait rendre à Rome une bulle.

A vous, soutiens de ce bel opéra,
Vous que sur terre on fête, on préconise,
En attendant que l'on vous canonise,
Vestris, Miller, de Lille, et cætera,
Troupe élégante, aimable, bien apprise,
Vous voilà donc en paix avec l'Église :
En Paradis chacun de vous ira,
Mais que ce soit le plus tard qu'il pourra.

ÉPITRE

AUX CHIFFONNIERS,

SUR LES CRIMES DE LA PRESSE.

PAR J. — P. — G. VIENNET.

> Fais ce que dois, advienne que pourra.

Artisans vagabonds, qui dans l'ombre des nuits,
La lanterne à la main désertez vos réduits,
Et de nos coins de rue épluchant les ordures,
De nos habits de chanvre exploitez les rognures,
Vous faites, mes amis, un horrible métier.
Non que, pour avilir l'état de chiffonnier,
Je prétends attacher la moindre ignominie
Aux lieux où le conduit sa nocturne industrie.
Des salons d'un ministre au coin de nos égoûts,
L'étoile tous les soirs vient briller comme vous ;
Et l'aveugle fortune a, d'un tour de sa roue,
Élevé bien des gens qui, vautrés dans la boue,
Pour chamarrer leur sein d'ordres et de cordons,
Ont fait pis en plein jour qu'amasser des chiffons.
Mais vous ne savez pas qu'en votre hotte immonde,
Vous portez entassés tous les fléaux du monde ;

Et que, sans les chiffons dont vous faites débit,
Voltaire ni Rousseau n'auraient jamais écrit.

Votre oreille se dresse, et s'informe peut-être
Quels sont ces deux messieurs que je vous fais con-
Vos modestes profits, volés au cabaret,   [naître.
Ne suffiraient pas même au Voltaire-Touquet ;
Et les chiens qu'au mois d'août la police vous livre,
Ne vous ont point rendu la valeur d'un tel livre.
Demandez à Lepan, qui, pour être tenté,
A faire contre Voltaire un pamphlet avorté ;
Consultez Lamennais, qui, suivant sa marotte,
Aux dépens de Rousseau veut rougir sa calotte ;
Interrogez Mont-Rouge, où ces fils de Satan
Sont, en attendant mieux, brûlés une fois l'an ;
Leur nom seul fait pâlir tout le guêpier d'Ignace ;
Vingt cuistres vous diront, en se signant la face,
Que si Dieu, contre nous justement irrité,
Fait neiger en hiver et greler en été ;
Si la peste naguère affligea Barcelonne ;
Si Canning d'une charte empoisonna Lisbonne,
C'est qu'au sortir des bancs, le plus mince écolier
Lit Voltaire et Rousseau pour se débarbouiller ;
Et vos chiffons maudits sont la cause première
De cet art infernal qui les mit en lumière.
Ce fut dans ce bon temps où le pape et les rois
Brûlaient les Templiers, les Juifs et le Vaudois,
Qu'un Padouan, soufflé par son mauvais génie,
De ces chiffons pilés formant une bouillie,
En tira ce papier, qu'au gré de leurs cerveaux
Griffonnent jour et nuit des milliers de grimauds.
Bientôt parut Coster ; et le hêtre docile

Se tailla sous ses doigts en alphabet mobile.
Des fourneaux de Scheffer dans l'argile coulé,
Le plomb séditieux en lettres fut moulé.
Par Fust et Guttemberg ces lettres assemblées
Furent sur un plateau par la presse foulées ;
Et le papier retint sur ces feuillets pressés
L'empreinte des écrits par le plomb retracés.

Le monde en tressaillant apprend cette merveille ;
L'esprit humain captif s'agite et se réveille ;
Les écrits du vieux temps, à la poudre arrachés,
Sortent du cloître obscur qui les avait cachés.
Ces trésors, qu'à l'instant la presse multiplie,
A l'homme de nos jours révèlent son génie :
Il s'instruit, se compare, il pressent son destin ;
Ose penser lui-même et reconnaît enfin
Qu'abruti trop long-temps par la stupide audace
De la sottise en froc, de l'orgueil en cuirasse,
Il est né pour la gloire et pour la liberté.
De ses tyrans surpris s'indigne la fierté.
Un roi, que des flatteurs la bouche mensongère
Des lettres et des arts a surnommé le père,
De l'art des Guttemberg repousse les bienfaits ;
Livre au feu des bûchers les imprimeurs français ;
Bannit de ses États prosateurs et poètes ;
Contre eux de la Sorbonne excite les enquêtes ;
Et tandis qu'à Paris ce roi d'inquisiteurs
A l'infâme censure asservit les auteurs,
Pour resserrer l'esprit en d'étroites limites,
Le Saint–Siége, en travail, enfante les Jésuites.

Peut-être direz-vous, si vous me comprenez,

Que les rois, par les cours sont mal endoctrinés,
Que, pour les seuls tyrans la lumière est à craindre;
Qu'elle porte malheur à qui cherche à l'éteindre;
Qu'ennemis du mensonge, amans de l'équité,
Les bons rois, à tout prix, cherchent la vérité;
Que les peuples instruits sont plus doux, plus dociles,
Moins honteux à mener qu'un troupeau d'imbéciles.
Vous pensez à merveille et parlez sensément :
Mais quand on est ministre on raisonne autrement.

Les grands qui dévoraient et foulaient nos provinces
Ne voulaient éclairer le peuple ni les princes;
Et dès-lors commença, par leur déloyauté,
La lutte de l'esprit contre l'autorité.
C'est ici que, ligués contre le moyen-âge,
Vos bavards de chiffons firent un beau tapage.
Dans ses droits temporels attaqué le premier,
Le Pontife de Rome eut beau les foudroyer,
Les peuples et les rois, riant de son tonnerre,
Soutinrent que jamais Jésus-Christ ni saint Pierre
N'avaient dans leur pouvoir troublé les potentats,
Extorqué des tributs et donné des États;
Qu'aux Césars par le Christ fut soumis son apôtre,
Que loin d'être infaillible il bronchait comme un autre,
Que des biens de ce monde à jamais détaché,
En couronnant son front, le Pape avait péché,
Des mœurs du Vatican, gourmandant la licence,
On blâma des prélats le faste et l'opulence,
Leurs palais somptueux par le vice souillés,
La veuve et l'orphelin par leurs mains dépouillés.
Sur les cloîtres surtout s'acharna la critique :
On dit qu'en ces foyers de la vie ascétique,

Dans ces noirs ateliers de superstitions,
Des moines fainéans, fléau des nations,
Rebut du genre humain, opprobre de l'Église,
S'engraissaient des tributs levés sur la sottise,
Et cachant sous la bure un orgueil effronté,
De leurs départemens lassaient la chrétienté.

La presse, poursuivant sa ronde satyrique,
De la religion passe à la politique :
L'un prétend qu'un baron, sous ses habits de fer,
Est comme un chiffonnier, bâti d'os et de chair ;
Que les hommes sont tous enfans du même père,
Et doivent, comme au ciel, être égaux sur la terre.
L'autre de la couronne examinant les droits,
Écrit que pour le peuple on a créé les rois ;
Qu'aux petits comme aux grands ils doivent la justice,
Et soumet à la loi leur fisc et leur caprice.
Le bourgeois et le serf frondent le chevalier,
Qui mange les impôts sans vouloir les payer,
Blâme les favoris et les belles maîtresses,
Qu'aux dépens de l'État on gorge de richesses.
Le mérite aux emplois prétend seul arriver :
Au rang, à la naissance, il veut tout enlever ;
Et le moindre goujat qu'on menace de pendre,
Ne veut pas qu'un prévôt le juge sans l'entendre.
Vous riez, bonnes gens, et paraissez tous fiers
Du bruit que vos chiffons ont fait dans l'univers.
De ces réformateurs répétant les maximes,
Vous semblez étonnés qu'on y trouve des crimes.
Des choses d'ici-bas vous jugez bonnement :
Mais quand on est ministre on raisonne autrement.

Rien ne peut accorder l'esprit et la puissance.
En deux sens opposés ils tirèrent la France ;
Et le char de l'État, par les siècles usé,
Fut avec le cocher dans un gouffre écrasé.
Sur le peuple orphelin des brigands se ruèrent,
La liberté, l'esprit, devant eux reculèrent ;
Et quand de leurs forfaits le peuple épouvanté
Eut brisé sur leurs fronts leur sceptre ensanglanté,
Tandis que vingt partis engendrés par l'orage,
S'arrachent à l'envi les débris du naufrage,
Un soldat s'en empare et garde tout pour lui :
Au prix d'une couronne il nous vend son appui.
Mais loin de nous bâtir une France nouvelle,
Il refait Charlemagne et déclame contre elle.
Il met la presse aux fers, proscrit la vérité,
Dans les bras de la gloire endort la liberté,
Et courant en aveugle où sa tête le mène,
De conquête en conquête il tombe à Sainte-Hélène.

Sa chute, des Bourbons signale le retour,
Et la charte vers eux ramène notre amour.
Mais du fond des castels, de l'ombre des églises,
Sortent les vieux abus et les vieilles sottises.
La France crie en vain qu'ayant changé de lois,
Elle n'a du vieux temps demandé que ses rois.
Le moindre hobereau, frondant notre régime,
Croit être un complément du trône légitime ;
Et que pour relever son banc et ses créneaux
L'Europe a dans Paris envoyé ses drapeaux.
Le clergé sourdement reprend ses priviléges ;
Le Jésuite, en renard rentré dans nos colléges,
Des princes et des lois habile à se jouer,

Fait trembler le pouvoir, honteux de l'avouer.
De pieux racoleurs, tourmentant les familles,
Pour repeupler le cloître, embéguinent nos filles.
Le fanatisme armé contre nos libertés,
De ses prêcheurs errans étourdit nos cités :
Tout, jusqu'aux capucins, croit devoir reparaître,
Et l'État est partout envahi par le prêtre.

La presse, à ce torrent opposant ses travaux,
Flétrit de ses brocards nos garasses nouveaux ;
Et d'un peuple assoupi réveillant l'indolence,
Jusque dans les hameaux attaque l'ignorance :
Le Tartuffe à cinq sous s'y répand par milliers ;
Et Voltaire-Touquet remplit les ateliers.
Au fouet ignorantin la jeunesse rebelle,
Redemande à grands cris l'école mutuelle.
L'opinion grandit, la raison se fait jour ;
L'esprit de liberté se hasarde à la cour.
L'héritier des Séguier, digne enfant de ses pères,
Porte au pied de ses rois des vérités sévères ;
Et bravant les clameurs des congrégations,
Oppose la justice à leurs délations.

Le faubourg Saint-Germain se rallie à la charte,
Plaide contre les rois pour les héros de Sparte ;
Et les hiboux romains trompant le fol espoir,
La lumière partout repousse l'éteignoir.
Mont-Rouge s'épouvante, et criant à l'impie,
Contre l'esprit du siècle arme la calomnie,
Ranime les clameurs de ces vils gazetiers,
Qui du Pinde à sa cause ont vendu les bourbiers ;
Et traînant sur ses pas les hordes parasites

D'intrigans, d'espions, d'esclaves, d'hypocrites,
Qui, faisant de leur zèle un trafic éternel,
Exploitent les grands noms du trône et de l'autel,
Demande en rugissant que la presse enchaînée
Livre à son joug de plomb la France baillonnée.

Le pouvoir, aveuglé par ces cris mensongers,
Comme ses intérêts méconnaît ses dangers.
Du parti qui le perd il se fait le complice ;
A de vaines terreurs immole la justice,
Nos arts, notre industrie, et nos biens et nos droits,
Et le code et la charte et les sermens des rois,
Frappe l'esprit humain d'une loi somptuaire,
Trace autour de la presse un cordon sanitaire,
Ferme à ses vérités l'échoppe et les hameaux,
Dans les serres du fisc étouffe les journaux,
Dans leur gouvernement porte la loi salique,
Escroque la brochure à la haine publique,
Et fait peser enfin sur l'esprit comprimé,
L'éteignoir de Mont-Rouge en timbre transformé.

Par ce timbre fiscal de nos traits préservée,
La sottise du jour ira tête levée ;
Nos petits Mazarins braveront nos chansons.
Mais le quartier Lombard frémit pour ses bonbons ;
Mathieu Lænsberg lui-même, atteint par nos harpies,
Ne pourra qu'à prix d'or vendre ses prophéties ;
Et fondeurs, imprimeurs, libraires, papetiers,
Suivront à l'hôpital auteurs et chiffonniers.
Cette loi, direz-vous, est injuste et cruelle ;
Qu'on brûle, si l'on veut, les auteurs d'un libelle ;
Qu'on pende l'écrivain qui trouble les États ;

Mais l'imprimeur, et nous qui ne les lisons pas !....
Je le sais ; et d'Omar la franchise brutale
Valait mieux à mon gré que cette loi vandale.
Le bon sens, le bon droit, y bronche à tout moment ;
Mais quand on est ministre on raisonne autrement.

Maint auteur, dont la plume encline à la satire
Fronde le ministère et gouverne l'empire,
N'a souvent, pour dîner et payer son grenier,
Que la prose ou les vers jetés sur son papier ;
Et depuis qu'on a vu leur gloire et leur génie
Grandir comme leur bourse à Sainte-Pélagie,
Mont-Rouge ne sait plus, dans son fougueux dépit,
Quelle digue opposer aux progrès de l'esprit.
Il s'attaque au libraire : il le pille, il l'accable,
Fait de chaque imprimeur un censeur responsable ;
L'entoure de périls, d'entraves, de terreurs ;
Et si pour échapper à ses persécuteurs,
Le génie indompté trouve encor d'autres voies ;
Aux poignards de Mont-Rouge on livrera ces oies,
Dont le corps emplumé porte à ses aîlerons
Le tuyau factieux qui noircit vos chiffons.

Si nos presses, fuyant cette loi jésuitique,
Vont des tributs du monde enrichir la Belgique,
Si le surnom d'Athène à Bruxelles porté
Y va comme nos arts chercher la liberté,
Qu'importe à mon pays cette perte légère ?
Il a trop d'industrie et ne sait plus que faire :
C'est la foi qui nous manque et non les ouvriers.
Faut-il pour être heureux des arts, des ateliers ?
Pour faire son salut faut-il tant de lumières ?

Des moines, des couvens, des sermons, des prières,
Des pénitens, des croix, des congrégations,
C'est par là qu'à jamais brillent les nations.
Au bonheur de Madrid la France porte envie,
Et le paie assez cher pour qu'on l'en gratifie.
Ainsi, bons chiffonniers, grâce à la loi d'amour,
Vous dormirez la nuit et mendîrez le jour ;
Et quand les gens de Rome, à force d'héritages,
Auront de tous nos biens grossi leurs apanages,
Nous irons avec vous, le rosaire à la main,
Aux portes des couvents leur demander du pain.

PROCÈS DU CHARIVARI.

COUR D'ASSISES DE LA SEINE.

Présidence de M. LEFÈVRE. — Audience du 13 avril 1838.

M. Simon, gérant du *Charivari*, a comparu ce matin devant la Cour d'Assises, sous la prévention d'offense à la personne du Roi, que le Parquet faisait résulter d'un article publié le 11 février dernier et dont le greffier donne lecture ainsi qu'il suit :

LE POURQUOI ET LE COMMENT,
ou la Conversion du Diable devenu vieux;

Petit proverbe en deux parties, — deuxième et dernière partie.

LE COMMENT. — CONFESSION FANTASTIQUE.

(La scène se passe dans le cabinet de l'illustre Pénitent.)

L'abbé Guignon (s'asseyant). — Or ça, ô mon fils, me voici prêt à vous entendre ; mettez-vous à genoux.

L'illustre Pénitent. — Je vous demanderai la permission de rester assis à côté de vous, ô mon père ; cette manière de se tenir ne porte dommage qu'aux fonds de culottes, ce qu'il est toujours facile de réparer avec n'importe quoi, sans qu'il y paraisse trop ; tandis que si j'avais le malheur d'user aux genoux ce pantalon bleu, ma haute position sociale ne me permettrait pas d'y faire mettre une pièce rouge ou verte. Ce serait un pantalon à donner à mon fils aîné, quoiqu'il n'ait encore que dix ans de service. Je parle du pantalon, ô mon père !

L'ABBÉ GUIGNON. — Comme il vous plaira, ô mon fils ! je vous écoute. Est-ce d'ailleurs une confession générale ou bien une simple confession temporaire ?

L'ILLUSTRE PÉNITENT. — C'est une confession générale, ô mon père ! tels sont du moins les termes de la note diplomatique par laquelle la Sainte-Alliance vient enfin de nous signifier, sous peine de conflagration générale, le désir où elle est de voir tout ce qui tient à la cour de France, donner publiquement l'exemple de la dévotion, et ajouter cette dernière similitude à toutes celles qui sont déjà du régime actuel, l'exacte contrefaçon de l'à jamais déchu. Je ne vois, du reste, qu'un inconvénient à vous faire une confession générale : c'est la longueur d'une pareille kirielle. Ah ! ô mon père ! j'en aurai diablement long à vous dire, en ne vous parlant même que des plus grosses gentillesses.

L'ABBÉ GUIGNON. — Nous abrégerons, nous procéderons par masses, par catégories de péchés mortels, et vous ne confesserez que ceux dont je puis être censé ne rien savoir. Commencez donc, ô mon fils ! et si votre repentir est sincère, comptez sur la clémence de Dieu.

L'ILLUSTRE PÉNITENT. — Dieu ! . . . . ah ! Dieu ! que je voudrais être Dieu, moi ! c'est une pensée qui me passe de temps en temps par la tête, quand j'éprouve quelque contrariété, quand le *Charivari* m'agace les nerfs, ou que j'ai fait un petit excès de moutarde. Oh Dieu ! être Dieu ! pouvoir foudroyer ses ennemis ! pouvoir marier son fils ! pouvoir tout faire, tout, tout, même de l'or ! . . . . quel bonheur ! . . . oui, même de

l'or, ô mon père ! et cela sans que d'atroces journaux....
oh ! je donnerais bien. . . . je donnerais bien cinquante
francs pour être Dieu ! . . . .

L'ABBÉ GUIGNON. — Les vœux passablement saugre-
nus que vous venez d'émettre, ô mon fils ! abrègent de
beaucoup déjà votre confession générale. Je dois en
conclure que vous êtes rancuneux , méchant , avare.
Mais en définitive, vous ne me dites là que ce que tout
le monde ne sait que trop. Entrez , ô mon fils ! dans
des particularités qui soient un peu plus neuves.

L'ILLUSTRE PÉNITENT. — Eh bien donc, ô mon père !
je me confesse d'avoir, bien jeune encore, applaudi à
la condamnation capitale d'un de mes plus proches
parens. Je me confesse d'avoir passé à l'Étranger avec
armes et bagages. Mes amis ont prétendu ensuite que
ce n'était point à dessein et qu'au contraire , emporté
par ma vaillance dans une charge contre les Autri-
chiens, j'avais traversé comme un boulet tous les rangs
ennemis, et n'avais pu dompter mon ardeur et mon
cheval, qu'en me voyant au milieu de leur camp. Mais
c'est une blague , ô mon père !

L'ABBÉ GUIGNON. — Connu, connu, ô mon fils ! faites-
moi des révélations plus neuves.

L'ILLUSTRE PÉNITENT. — Je tâcherai, ô mon père !
Peu de temps après, je passai dans l'autre monde (1),
où n'ayant rien à faire, je séduisis les deux filles de
mon hôte, par manière de passe-temps. C'est drôle ,
n'est-ce pas , ô mon père !

L'ABBÉ GUIGNON. — Connu, connu, ô mon fils ! faites-
moi des révélations plus neuves.

____

(1) La Nouvelle - Orléans.

L'ILLUSTRE PÉNITENT. — Je tâcherai, ô mon père. Je revins dans ce monde où je voulus mêler quelques lauriers aux myrthes que je venais de cueillir. Je m'adressai successivement à l'Autriche, à la Russie, à l'Espagne, à l'Angleterre, au Grand-Mogol, et leur offris de porter les armes contre mon pays ; mais ce fut en vain. Ces diverses puissances craignaient probablement qu'étant à leur service, je me laissasse encore entraîner trop loin par mon courage et par mon cheval.

L'ABBÉ GUIGNON. — Connu, connu, ô mon fils ; faites-moi des révélations plus neuves.

L'ILLUSTRE PÉNITENT. — Je tâcherai, ô mon père ! Cependant la restauration eut lieu, je rentrai à Paris dans le fourgon d'un cosaque. J'y trouvai toute ma famille réintégrée dans ses places et dignités. Je jouai si bien le dévouement, que je me fis restituer, par son crédit, les immenses richesses que mes nobles ancêtres avaient flouées à tout le monde un peu, mais principalement aux protestans fugitifs. J'arrangeai même si bien mes affaires, grâce aux conseils d'un avocat fort célèbre, que je reçus sans rien donner, et qu'une foule des créanciers de mon père n'ont plus d'autre hypothèque que sa mémoire, ce qui, je le confesse, n'est pas une grande sûreté. Ce sont les seules créances que je ne voulusse pas même acheter à 99 pour cent de perte. Or, quand cela seul fut fait, je me mis peu à peu à solliciter contre ma famille, afin d'obtenir la place que l'un de ses membres occupait, et qui, sans vanité, est l'une des plus importantes de l'Etat.

L'ABBÉ GUIGNON. — Je vous ai déjà dit qu'en effet

j'en connais peu qui soient plus belles que la vôtre,
ô mon fils ! mais tout cela, connu, connu ! faites-moi
des révélations un peu plus neuves, ô mon fils !

L'ILLUSTRE PÉNITENT. — Je tâcherai, ô mon père !
Lorsque le hasard m'eut donc fait accorder cette place,
rien ne me coûta pour la conserver. Mes protecteurs,
je les vilipendai ; mes amis, je les mis dehors, mes
ennemis, je les mis dedans ; mes parentes, je ne crai-
gnis pas de les livrer aux plus détestables cancans ;
mes promesses, je les oubliai toutes ; mes adversaires,
je les fis rosser ; mes rivaux, je les calomniai : en un
mot, je le confesse, je me comportai comme un véritable polisson.

L'ABBÉ GUIGNON. — Connu, connu, ô mon fils, faites-
moi des révélations plus neuves.

L'ILLUSTRE PÉNITENT. — Je tâcherai, ô mon père ! et
par exemple, pour ce qui est des affaires d'argent......
oh l'argent !.. Dieu l'argent !., je ne connais qu'une
chose que j'aime mieux que l'argent... c'est l'or. Eh
bien ! je le confesse, c'est pour en empiler incessam-
ment que, depuis quatre années surtout, j'ai péché par
usure, j'ai péché par pots-de-vin, j'ai péché par mar-
chés onéreux, j'ai péché par floueries de bourse, j'ai
péché par *nouvelles interrompues*, j'ai péché de toutes
les manières enfin, excepté par escalade et par attaque de diligences sur les grandes routes.

L'ABBÉ GUIGNON. — Connu, connu, ô mon fils ! mais
n'oubliez-vous rien ? ne vous seriez-vous point livré
quelquefois, par exemple, à de légers mouvemens d'im-
patience en mangeant un œuf à la coque un peu trop
chaud ? N'auriez-vous pas exercé quelque sévice contre une puce importune ? N'auriez-vous pas blas—

phémé contre quelque mouche d'une société trop fas-
tidieuse ? Dites, dites, ô mon fils ! et si tant est que
vous ayez à vous reprocher d'aussi atroces forfaits,
confiez-vous en la miséricorde divine.

L'ILLUSTRE PÉNITENT. — Hein ? . . Plait-il ? . . . . qui
est-ce qui a parlé de corde ? Ah ! mon père, pas de
corde ici ! vous me rappelleriez des souvenirs ! . . (1)

L'ABBÉ GUIGNON. — Connu, connu, ô mon fils ! Vous
n'avez rien de plus à ajouter ?

L'ILLUSTRE PÉNITENT. — Eh quoi ! trouvez-vous donc
que ce n'est point assez comme cela ? voilà tout, ô
mon père ! me donnerez-vous l'absolution ?

L'ABBÉ GUIGNON. — Oui, ô mon fils ! mais à une condition : c'est que tout le bien mal acquis, vous le dis-
tribuerez immédiatement aux pauvres.

L'ILLUSTRE PÉNITENT. — Oui, ô mon père ! mais en-
tendons-nous. Comme en cas de distribution aux pauvres de tous les biens que j'ai mal acquis, c'est moi
qui me trouverai être le plus pauvre, je crois parfaitement remplir vos charitables intentions en me les
distribuant et en les gardant tous pour moi. C'est le
cas de dire que charité bien ordonnée commence par
soi-même.

L'ABBÉ GUIGNON. — Vous errez, ô mon fils ! mais c'est
au nom du salut de votre âme que je vous réitère mon
conseil.

L'ILLUSTRE PÉNITENT. — Oh ! bah ! mon âme ! . . J'y
tiens beaucoup sans doute. . . . . . comme à tout ce
que je possède. . . . et par la seule raison qu'elle est à

---

(1) Souvenir du genre de mort du Prince de Condé.

moi ; mais je me connais assez, ô mon père ! pour savoir que ce serait la racheter trop cher ; elle ne vaut pas cela, et je la donnerais volontiers pour le quart du demi-quart.

L'ABBÉ GUIGNON. — O mon fils ! mais que fait donc votre main là ?

L'ILLUSTRE PÉNITENT. — . . . . . C'est votre poche, cette poche ? ce que c'est pourtant que l'émotion ! je la prenais pour la mienne ! du reste, je n'ai pas besoin d'absolution. L'Europe n'attend de chacun de nous qu'un billet de confession pure et simple. Ajoutez, ô mon père ! que tout bien calculé, je suis loin d'être aussi coupable que vous le pourriez croire. Et par exemple, qu'est-ce qu'un malhonnête homme ? c'est celui qui agit contre sa conscience. et qu'est-ce qu'un honnête homme? c'est celui qui ne fait rien outre sa conscience. Or, je n'ai pas du tout de conscience ; donc, je ne puis agir contre ; et donc, n'agissant jamais contre, je suis un parfait honnête homme par cela même que je ne le suis pas. Il me semble que c'est raisonner juste. Sur ce, adieu, ô mon père !

L'ABBÉ GUIGNON. — Connu, connu ! . . . Il y a long-temps, en effet, que je vous tiens, en ce sens, pour l'un des plus honnêtes du royaume. Adieu, ô mon fils !

M. Diderot, avocat-général, s'est acharné à reconnaître le roi Louis-Philippe dans l'illustre Pénitent.

Malgré la vigoureuse et spirituelle plaidoierie de Me Moulin, le jury a rendu un verdict affirmatif par suite duquel le gérant du *Charivari* a été condamné à 6 mois de prison et 2,000 francs d'amende.

Extrait d'une lettre remise au Roi de Prusse par M. le Cᵗᵉ ᴅᴇ Mɪʀᴀʙᴇᴀᴜ, le 12 février 1789.

L'intérêt d'un monarque le plus absolu, doit être tout entier dans les maximes populaires. Ce ne sont pas les rois que les peuples appréhendent, ce sont leurs ministres, leurs courtisans, leurs nobles, l'aristocratie en un mot : *Si le Roi le savait*, disent-ils. Ils invoquent toujours l'autorité royale, et sont toujours prêts à lui donner main-forte contre l'aristocratie.

Eh, d'où vient la force du prince, si ce n'est du peuple ? sa sûreté personnelle, si ce n'est du peuple ? sa richesse, sa splendeur, si ce n'est du peuple ? les bénédictions qui seules peuvent lui faire sentir la présence du bonheur, si ce n'est du peuple ? et qui sont les ennemis du prince, si ce ne sont les grands, les aristocrates, qui voudraient que le roi ne fût parmi eux que le premier entre égaux, et qui, partout où ils le pourront, ne lui laisseront de prééminence que celle du rang, se réservant celle du pouvoir ? Par quelle étrange erreur faut-il que les rois avilissent leurs amis, et les livrent à leurs ennemis ? Le peuple a l'intérêt, il a la volonté qu'on ne trompe jamais le prince. Les grands ont l'intérêt et la volonté contraires. Le peuple est aisé à contenter ; il donne et ne demande point. Empêchez que les oisifs titrés ne pèsent sur lui ; lais-

sez ouverte la carrière que lui montra l'Être Suprême
en le créant, il ne murmurera point. Eh! quel prince
parviendrait à contenter le noble, le riche, le grand?
cessent-ils de demander? cesseront-ils jamais? L'égalité des droits entre ceux qui soutiennent le trône, en
est le plus ferme appui.

L'AIGLE ET L'ASSEMBLÉE DES OISEAUX.

FABLE.

Le roi du peuple ailé, peuple léger, sans doute,
Puisqu'à travers les airs il se fraie une route
(Oh! oui, léger de corps et très-vain du cerveau),
Pour des raisons d'état l'assembla bien et beau :
Sa majesté voulait mettre ordre à ses affaires.
   Pourquoi non? Croit-on que les rois,
Dont enfin le trésor s'épuise par les guerres,
Ne soient pas obligés de compter quelquefois?
Si d'autres, au surplus, ne s'en occupent guères,
L'aigle, beaucoup plus sage, en s'imposant la loi
De voir comme à sa dette il pourrait satisfaire,
Montra qu'il n'était point un monarque ordinaire,
Qu'il croyait pouvoir tout, hors le manque de foi.
Le voilà donc qui veut qu'auprès de sa personne
Viennent et paons et ducs, et jusques aux moineaux,
   Pour donner par des soins nouveaux,
   Un nouveau lustre à la couronne.

Là le sort, comme ailleurs, fait des lots inégaux :
Les moineaux, classe active, et féconde et nombreuse,
        Mais aussi classe malheureuse,
        Aux paons, aux ducs cédaient le pas.
Le peuple ainsi partout siége au rang le plus bas ;
Pour lui tout le travail, pour les autres les grâces ;
        Chez les plus sages potentats,
L'oisiveté, l'orgueil ont les premières places.
Cette fois-ci, pourtant, malgré de longs débats,
L'oisiveté, l'orgueil ne l'emportèrent pas.
L'aigle, dont la détresse alors semblait extrême,
Tout-à-coup éclairé sur ses vrais intérêts,
        Vit qu'à l'égard de ses sujets,
Il devait imiter la justice suprême,
Qui, sans distinction, soumet à ses décrets
        Petits, grands et monarques même.
Paons et ducs prétendaient faire au peuple moineau,
Des charges de l'État porter tout le fardeau :
L'aigle établit entre eux une juste balance,
Mit les titres à part, consulta les moyens,
Arrangea tout enfin avec tant de prudence,
Que chacun désormais paya suivant ses biens.
        N'étaient-ils pas tous citoyens,
Protégés en commun par la même puissance ?
Vous comptez donc pour rien dignités, rang, naissance,
        S'écrieront ici bien des gens ?
Et le titre d'Altesse et celui d'Excellence
        A vos yeux sont indifférens ?
Comment, indifférens ! ils sont nuls, si l'on pense
        S'en faire un droit d'indépendance,
Des taxes, des tributs se déclarer exempt,
Presque en un rang divin placer son existence.

Tenez , j'entre avec vous en accommodement :
Je vous croirai , messieurs , une race pétrie
D'autre limon que nous, qui nous nommons Gros-Jean
　　　Et qui payons pour la patrie ,
Quand je verrai la foudre, et la grêle et les vents ,
　　　Et la mort et la maladie
Ne frapper que le peuple et respecter les grands.

Le conseil d'une assemblée populaire est le moins
suspect, parce qu'un roi doit avoir les mêmes intérêts
que son peuple, et que la désunion de ces intérêts leur
serait également préjudiciable ; mais il faut que cette
assemblée ne soit pas populaire de *nom* seulement ,
mais encore de fait ; il faut que les membres élus par
le peuple soient assez souvent changés , pour qu'elle ne
dégénère pas en corps aristocratique.

Parmi les admirables pensées que renferme en si
grand nombre le *Congrès de Véronne*, par M. de Châ-
teaubriand , en voici une qui mérite d'être citée :

« Un tyran craintif pousse à la catastrophe et trem-
ble quand elle est venue ; il descend de l'intrépidité de
sa tête dans la lâcheté de son cœur. Il y a des monarques de faux aloi, qui sont sur le trône par méprise :
la plupart des événements de nos jours s'expliquent
par la peur ; le poltron est au fond de ces événements
énormes comme la momie d'un roi était au centre de
la pyramide de Chéops.

Quand verra-t-on d'un œil stoïque
Le vain éclat de la grandeur ?
De l'illusion politique
Écartons le voile imposteur ;
Il masque des âmes difformes,
Coupables de forfaits énormes,
Sous le spécieux nom de rois.
L'égalité républicaine
Est ma reine, ma souveraine ;
Je ne veux subir que ses lois.

Traduction par M. DE VOLTAIRE *de la* Description
de l'Italie, *par Milord* HARVEY.

Qu'ai - je donc vu dans l'Italie ?
Orgueil, astuce et pauvreté,
Grands compliments, peu de bonté,
Et beaucoup de cérémonie.
L'extravagante comédie
Que souvent l'Inquisition (1)
Veut qu'on nomme religion,
Mais qu'ici nous nommons folie.
La nature, en vain bienfaisante,
Veut enrichir ces lieux charmants ;
Des prêtres la main désolante
Étouffe ses plus beaux présens.

(1) L'auteur entend, sans doute, les farces que certains pré-
dicateurs jouent sur les places publiques.

Les Monsignor, soi-disant grands,
Seuls dans leurs palais magnifiques
Y sont d'illustres fainéans,
Sans argent et sans domestiques.
Pour les petits, sans liberté,
Martyrs du sang qui les domine,
Ils ont fait vœu de pauvreté,
Priant Dieu par oisiveté,
Et toujours jeûnant par famine.
Ces beaux lieux du Pape bénis,
Semblent habités par les diables,
Et les habitants misérables
Sont damnés dans le paradis.

Passage de la tragédie de Dom Sébastien, *roi de*
Portugal, *par le fameux tragique anglais* DRYDEN,

POETE DU TEMPS DE CHARLES II,

Où il fait parler ainsi un officier à ce monarque :

LE ROI SÉBASTIEN.

Ne me connais-tu pas, traître, insolent ?

ALONZE.

Qui ? moi !
Je te connais fort bien, mais non pas pour mon roi.
Tu n'es plus dans Lisbonne, où ta cour méprisable
Nourrissait de ton cœur l'orgueil insupportable :
Un tas d'illustres sots et de fripons titrés,
Et de gueux du bel air, et d'esclaves dorés,
Chatouillant ton oreille et fascinant ta vue,

Qui t'entouraient en cercle ainsi qu'une statue ;
Quand tu disais un mot, chacun, le cou tendu,
S'empressait d'applaudir, sans t'avoir entendu ;
Et ce troupeau servile admirait en silence
Ta royale sottise et ta noble arrogance :
Mais te voilà réduit à ta juste valeur........,

COUR DES PAIRS.

(Présidence de M. le chancelier Pasquier.)

Audience du 30 Septembre 1840.

ATTENTAT DE BOULOGNE. — Complot Napoléoniste.

M. Berryer, *avocat et député, défenseur du* prince Louis Bonaparte.

Après le réquisitoire de M. le procureur-général Franck-Carré, M. Berryer a la parole et s'exprime en ces termes :

Messieurs, j'ai compris M. le procureur-général quand il s'est écrié : « Voilà un triste et déplorable procès. » Et moi aussi je n'ai pu assister à ces graves débats sans qu'il ne s'élevât dans mon cœur de douloureuses réflexions. Quel n'est pas le malheur d'un pays où dans un si petit nombre d'années tant de révolutions successives, violentes, renversant tour-à-tour les droits établis, proclamés, jurés, ont jeté une si profonde et si affligeante incertitude dans les esprits et dans les mœurs, sur le sentiment et la connaissance des droits !

Eh quoi ! dans une vie d'homme, nous avons été soumis à la république, à l'empire, à la restauration, à la royauté du 7 août ! et ces grands changemens, cette acceptation de gouvernemens si rapidement dressés les uns sur les autres, comment ne se seraient-ils pas faits au détriment des consciences, de la dignité de l'homme, et je dirai même de la majesté des lois ?

Chez un peuple où de tels événemens se sont succédé si vite, serait-il donc vrai que les hommes qui ont le plus d'énergie, le sentiment le plus élevé des droits, le respect le plus profond de la foi jurée, le sentiment le plus religieux des engagemens pris, la fidélité la plus inviolable aux engagemens contractés, serait-il vrai que ceux-là seraient précisément les plus exposés à être considérés comme des factieux et comme de mauvais citoyens ! Réflexion douloureuse ! mais à travers une succession de gouvernemens et de principes contraires, laissant de côté ceux qui n'ont pris pour guide que les calculs de l'intérêt privé, il faut dire que l'on compte encore au nombre des citoyens les plus purs, les plus vertueux, ceux qui, après tout, ont eu le plus de faiblesses et qui, tour à tour, suivant la fortune dans ces changemens divers, ont été tour à tour appelés à condamner comme un crime ce que naguères il leur avait été enjoint de prescrire et d'imposer comme un devoir.

Dans une telle situation, les hommes d'état, les moralistes, peuvent s'affliger, s'alarmer. Mais les hommes de justice, juges et avocats, quand ils se trouvent jetés dans un de ces procès politiques où la vie des hommes est en jeu, se doivent armer de vérité et de courage, protester énergiquement, et avant d'accorder au pouvoir les satisfactions, les vengeances qu'il réclame, ils doivent se demander aussi quelle part ils ont prise eux-mêmes dans les actes, les entreprises, les résolutions dont ils viennent requérir le châtiment.

Ce devoir qui m'est imposé aujourd'hui, je l'ai accompli loyalement il y a 25 ans, au début de ma carrière... alors que des ministres méconnaissaient l'esprit de la Charte, et, infidèles à son caractère auguste, poussaient devant les tribunaux les hommes échappés au désastre de Waterloo ; moi, messieurs, j'avais adopté les principes politiques que j'ai défendus, gardés, que je garderai toute ma vie, que le spectacle de tout ce qui s'est passé a amplifiés de jour en jour en moi. — Royaliste, j'ai défendu des hommes restés fidèles à l'empereur ; j'ai fait la part des événemens, des traités, des actes, des fautes même du gouvernement, et les juges du roi ont acquitté Cambronne.

Aujourd'hui l'accusé qui a accordé cet honneur à mon indépendance et à ma bonne foi, de me venir chercher pour sa défense dans un parti si différent du sien, ne me verra pas trahir sa confiance. Aussi, bien que ce procès touche aux points fondamentaux de nos luttes politiques, croyez-le bien, je ne l'aborderai que sous ce seul point de vue qui vous appartient ici, sous le point de vue judiciaire.

Le 6 août, le prince NAPOLÉON — LOUIS est parti de Londres sans communiquer ses projets, ses résolutions à personne, accompagné de quelques hommes sur le dévouement desquels il devait compter ; il s'embarqua avec eux, et à l'approche des côtes de France, il les a fait armer ; il est descendu en France ; il a jeté sur le territoire ses proclamations, et un décret proclamant que la maison d'Orléans a cessé de régner ; que les chambres sont dissoutes ; qu'un congrès national sera convoqué ; que le président actuel du ministère sera chef du gouvernement provisoire. Tous ces faits sont avoués ; vous êtes appelés à les juger ; mais je vous le demande : dans la position personnelle du prince NAPOLÉON, après les grands événemens qui se sont accomplis en France, et qui sont votre propre ouvrage, en présence des principes que vous avez proclamés et dont vous avez fait la loi du pays, les actes, l'entreprise du prince NAPOLÉON, sa résolution, présentent-ils un caractère de criminalité qu'il vous soit possible de déclarer et de punir judiciairement.

S'agit-il donc, en effet, d'appliquer à un sujet rebelle et convaincu de rebellion des dispositions du code pénal ? le Prince a fait autre chose : il a fait plus que de venir attaquer le territoire, que de se rendre coupable d'une violation du sol français ; il est venu en France réclamer pour sa propre famille le droit à cette souveraineté. Il l'a fait au même titre, en vertu du même principe politique sur lequel vous avez posé la royauté nouvelle.

En cet état, reconnaissez d'abord qu'il ne s'agit pas pour vous de vous prononcer contre les deux principes dont la lutte a si profondément agité, divisé le pays depuis 50 ans, il ne saurait être question aujourd'hui d'appliquer les lois existantes contre un principe contraire. C'est votre principe même qui est invoqué : deux mots d'explication.

Tant que la maison des Bourbons a régné, tant que les princes de la branche aînée ont été sur le trône, la souveraineté en France résidait dans la personne royale. La transmission en était réglée dans un ordre certain, invariable, connu de tous, maintenu au-dessus de toutes prétentions rivales par les lois fondamentales. Ainsi consacré par le temps, par les lois, par la religion, le droit souverain était le titre de la garantie de tous les droits des citoyens. C'était le patrimoine du passé promis en héritage à l'avenir. C'était la légitimité. Elle n'est pas en cause dans ce débat, mais en 1830 le peuple a déclaré qu'elle résidait dans les droits et dans les vœux de la majorité des citoyens. Vous l'avez reconnu ainsi, vous l'avez proclamé en tête de la nouvelle loi fondamentale.

On nous a dit tout à l'heure : Depuis 25 ans la France poursuit sa carrière, elle veut le règne des lois et le maintien des institutions. Mais n'est-ce donc rien que l'accident de 1830 ? Ignore-t-on ce qu'on a fait ou ne veut-on plus le savoir ? N'est-ce rien que ce changement de tout le système des droits dans un pays ? N'est-ce rien que de renverser le principe des lois fondamentales et d'en substituer un autre ? N'est-ce rien que de proclamer à la face d'un peuple intelligent et hardi des principes nouveaux qui lui donnent la conviction des droits de tous et de chacun ? N'est-ce rien que tout cela ? Ainsi la souveraineté nationale a été déclarée en France. Cette souveraineté de la nation comment se peut-elle transmettre, comment peut-elle être proclamée, si ce n'est par une manifestation solennelle, je ne la vois pas dans la résolution des députés et d'une partie de la chambre des pairs en 1830. Le principe qui vous gouverne aujourd'hui, que vous avez placé au-dessus de tous les pouvoirs, c'est celui de 1791, c'est celui de l'an viii, et en vertu duquel on a fait appel à la nation pour qu'elle se prononçât sur le consulat à vie. C'est encore en vertu de ce principe que quatre millions de votans, en 1804, ont dé-

claré que la France voulait être gouvernée héréditaire-
ment par Napoléon, par sa descendance, par celle de
Joseph, son frère, et à défaut de celle-ci, par celle de
Louis Bonaparte. Le sénat, en 1814, a aboli cette hérédité; mais que s'est-il passé en 1815? qu'a fait la
chambre des représentans? qu'allait-on faire au Champ
de Mai? Combien de votes se sont prononcés pour
l'acte additionnel tendant à renouveler les manifestations du pays en faveur de la dynastie impériale.

Soyez de bonne foi. Parmi ceux qui vont me juger,
et que je vois devant moi, combien y en a-t-il qui du-
rant quinze ans ont travaillé pour rétablir ce principe
que le retour de la maison de Bourbon avait effacé!
Combien sont descendus jusqu'à des engagemens au
milieu de la fièvre des partis et des ardeurs indivi-
duelles les plus passionnées, pour rétablir ce dogme
de la souveraineté du peuple, pour restituer cette pro-
testation de la chambre des représentans, dont j'ai entendu beaucoup de ceux qui m'écoutent ici réclamer
le rétablissement comme le testament de la nationalité
française. Vous l'avez fait en 1830.

Et alors le Prince Louis s'est dit: après dix ans
d'expérience je soutiendrai mon droit.

Nous verrons tout à l'heure dans quel moment, sous
quelle impression, le prince ardent, téméraire, s'est
élancé des côtes d'Angleterre. Ne pensons ici qu'au
droit de juger, au droit de régler par un arrêt la con-
testation portée devant vous, de vider le débat entre le
pouvoir établi et celui qui prétend à un droit qui, après
tout, Messieurs, n'est pas un rêve. Est-ce un fantôme,
est-ce une illusion que l'établissement de la dynastie
impériale, ce grand fait qui a eu tant de retentissement

dans le monde ? ce ne fut pas un rêve que l'établissement de l'Empire.

L'Empereur est mort ; eh quoi ! tout aurait fini avec lui ! qu'est-ce à dire ? Cette dynastie, établie, fondée, jurée au nom de la souveraineté nationale, n'a-t-elle donc promis de durée que la vie d'un homme ; ici il faut attaquer les bases mêmes du pouvoir que vous défendez, vous attaquez un acte fondé sur une souveraineté antérieure et mieux établie qu'en 1830.

L'Empire est tombé, et dans quelles circonstances ? au moment où succombait le dogme sur lequel l'Empire était fondé. Qu'avez-vous fait en 1830 ? vous avez relevé ce dogme, vous avez restauré ce dogme de la souveraineté populaire ; ce dogme qui avait fondé l'hérédité impériale. Eh bien ! l'héritier de l'Empire, le voici. Tous les pouvoirs de l'Etat sont assis sur la souveraineté nationale, et vous dites que vous allez juger sans interroger le pays ; le pays, je ne dirai pas qu'il a parlé par le jury, je ne veux pas examiner ceci. Eh quoi. Un arrêt ! des condamnations ! la mort ! des têtes qui tomberont ! mais, dans une question d'hérédité, tant qu'une goutte de sang se transmettra, cette prétention se renouvellera, elle survivra à tous les supplices ; et vos arrêts, vos supplices auront été injustes, atroces, impolitiques, et ils auront été complètement inutiles.

Voilà donc le véritable état de la question ! est-ce ici matière de jugement ? n'est-ce pas là une de ces situations uniques dans le monde, et où il ne peut y avoir qu'un acte de gouvernement, un acte politique ? Il faut, je le sais, défendre le pays, le préserver de commotions nouvelles ; il faut gouverner. Gouvernez !...... mais juger dans des questions de cet ordre ! mais prononcer un arrêt.... Jamais ! On a beau dire que ce sont des phrases au service de tous les factieux. Non ! le droit d'hérédité fondé sur le principe que vous avez restauré, en renversant le principe contraire en 1830, ce droit réclamé par l'héritier incontestable de l'Empereur, vous ne pouvez le méconnaître ; vous ne pouvez pas juger. Entre vous et lui il y a une cause victorieuse et une cause vaincue ; il y a un possesseur de couronne et une famille dépossédée. Encore une fois, et mille fois je le répéterai, il n'y a pas de juges, pas de justiciable.

Maintenant, au milieu des révolutions qui fatiguent le pays, laissons quelque chose debout, quelque chose d'inaltéré qui conserve le respect et la vénération des peuples, laissons debout la justice. La première gloire n'est-ce pas l'impartialité ? Or, je le demande, y en a-t-il un de vous, Messieurs, qui se soit dit, en entrant dans cette enceinte : *je serai impartial ?* qui se soit dit : J'apprécierai la valeur des droits, je mettrai dans la balance la souveraineté de Juillet et la souveraineté résultant des constitutions de l'Empire ? Impartial, vous ne pouvez pas l'être, vous ne devez pas l'être, vous êtes un des pouvoirs de l'Etat. Une révolution ne se peut faire qu'en vous brisant, vous devez défendre le gouvernement dont vous êtes partie dans les limites de votre pouvoir.

Mais si vous ne pouvez être impartiaux entre les deux droits qui sont en présence, vous ne pouvez être juges. Restera-t-il une idée sainte de la justice du pays si vous couvrez la politique du manteau de la justice. Laissez le peuple respecter la justice ; qu'elle conserve sa dignité ; que le peuple ne confonde pas un arrêt avec un acte du gouvernement.

Vous voulez juger ; et pourquoi ? pour protéger le gouvernement, pour le défendre, pour venger une attaque, un affront, une menace qu'il a reçue ; mais des actes récens qui appartiennent à la cause, des actes exercés sur le Prince même, ne manifestent-ils pas quelle est l'inconséquence du gouvernement qui vous appelle à juger aujourd'hui ? quelle est donc cette incertitude sur l'étendue des pouvoirs de l'État. On a parlé de reconnaissance. J'y répondrai ; mais en attendant je vous dirai : On a appliqué au prince, en 1836, le principe professé par nous ici ; ce principe qu'à l'égard des familles déchues il n'y a que de la politique, il n'y a pas de jugement. L'un de vous l'a dit : *En pareille circonstance, les formes judiciaires ne sont qu'une solennelle comédie.*

Or, quand on a reconnu, en 1836, que le prince ne pouvait être traduit devant les tribunaux, qu'il était en dehors du droit commun ; pourquoi l'amène-t-on aujourd'hui devant vous ? La proscription portée contre lui n'a-t-elle pas été maintenue ? Vous parlez de reconnaissance. N'a-t-il pas été interdit au prince Louis-Napoléon de venir sur le sol français ? cette loi l'avez-vous changée ? cet homme, vous l'avez mis en dehors du droit commun ; vous l'avez dépouillé de tous les droits de citoyen français ; vous l'avez mis hors de toutes les lois. Je ne voulais pas en 1831 que cette proscription fût maintenue ; je comprenais que la guerre pouvait s'élever plus tard entre deux principes ; sous le principe de 1830, je ne comprenais plus la proscription des princes de la famille impériale ; deux fois je demandai qu'ils rentrassent dans le droit com-

commun. Vous ne l'avez pas voulu. Vous avez résisté à la logique, et maintenant vous brisez vos convictions, vos principes, vos lois, pour replacer le Prince dans le droit commun. Naguère encore, quelle menace de guerre adressiez-vous à un État voisin et ami, pour le chasser de la Suisse où il était allé chercher un asile auprès de sa mère mourante ? ainsi, nous n'avons pas de loi pour qu'il vive, pour qu'il ait une patrie, une liberté, un droit, mais nous avons des lois pour qu'il reçoive la mort. Voilà ce qui révolte le bon sens, la justice, la logique, tous les droits consacrés dans le monde (Vive sensation.)

Que si, malgré les principes que vous avez consacrés, malgré les actes les plus solennels du gouvernement, qui mettent le Prince en dehors du droit commun, vous voulez être juges ; jugez, Messieurs, humainement les choses humaines, et rendez-vous compte des circonstances au milieu desquelles a éclaté l'entreprise de Boulogne.

Je ne fais ici ni de la politique ni de l'hostilité. Je prends les faits. Le pouvoir en France est conféré aujourd'hui à un ministère dont l'origine est récente. Ce ministère a lutté pendant plusieurs années avant de se constituer. Dans son ardente polémique, il a gémi profondément sur la politique de la France à l'Étranger ; il a vu de la *timidité* (je ne veux pas me servir d'un autre mot) dans nos relations avec les États européens, il a gémi du délaissement du Luxembourg dans la question de Belgique. Il a gémi, lui, ministre qui gouverne aujourd'hui, de l'abandon d'Ancône sans conditions. Il a accusé les exigences funestes qui ont failli nous aliéner la Suisse. Plus haut encore il a gémi sur une politique désolante, qui, renfermant toute la pensée de la France dans les intérêts matériels, tremblait et frémissait à l'idée d'une guerre, et laissait échapper notre influence sur l'Espagne pour la laisser tomber sous l'influence anglaise.

A ce ministère qu'est-il arrivé? à peine a-t-il touché le pouvoir qu'il a vu se préparer et s'ourdir des idées injurieuses pour la France, offensantes pour sa dignité, menaçantes pour ses intérêts; il a vu se préparer quelque chose comme la réunion de tous les Etats contre la France rejetée du congrès et des transactions des rois; il a senti que pour arracher la France vouée à l'égoïsme, à l'individualisme, à ce joug des intérêts matériels, il a senti qu'il fallait réveiller d'autres sentiments dans cette belle et glorieuse patrie; il a voulu ranimer les souvenirs: il a été invoquer la gloire de celui qui avait été promener sa grande épée des extrémités du Portugal aux extrémités de la Baltique; il a voulu montrer de nouveau à la France cette épée qui avait presque courbé les Pyramides, cette épée qui avait tenté de séparer l'Angleterre du continent européen. Les cendres de l'Empereur, il les a restituées; il a commandé un monument pour les recevoir. La tombe du héros, on a été l'ouvrir; ses armes, on les reprend à celui qui en avait la garde, on vient les déposer glorieusement sur son tombeau.

Et vous allez juger! vous ne comprenez pas ce que de tels appels, de telles manifestations ont résumé dans le cœur du Prince! Est-ce ici où tant d'hommes doivent tout au nom qu'ils ont reçu avec la vie, est-ce à ces hommes que j'ai besoin d'expliquer, de faire comprendre ce que ces grandes provocations devaient

remuer dans l'héritier du plus grand roi du monde ?
On a senti un tel besoin de réveiller des souvenirs de
l'Empire, qu'un ministre a dit : *Il fut le légitime souverain du pays.* (Longs murmures.)

C'est alors que le jeune Prince a vu se réaliser ce
qui n'était encore que dans les pressentiments des
hommes qui gouvernaient, il a vu signer le traité de
Londres. Il était là, au milieu des hommes qui ourdis-
saient ce plan combiné contre la France, et vous ne
voulez pas que ce Prince téméraire, ardent, présomptueux, peut-être, mais qui a du sang dans le cœur, et
sans consulter ces ressources que savent si bien réunir
les conspirateurs de longue main, vous ne voulez pas
qu'il se soit dit : Ce nom que l'on fait retentir, c'est
à moi, jeune, à le porter vivant sur la frontière ; ce nom
qui réveille la foi dans la victoire, et répand à l'étranger la terreur et la défaite ; ce nom, ces souvenirs,
c'est ma vie ; je suis le fils, l'héritier de l'Empire. Ce
sang, il est dans mes veines ; ce deuil, je veux le conduire ; ces armes que l'on déposera sur le tombeau,
vous les disputerez à l'héritier du héros ! lui jeune,
ardent, inconsidéré, il s'est dit, sans préméditation et
sans calcul : J'irai, je mènerai le deuil, je poserai ces
armes sur le tombeau, et je dirai à la France : Voulez-
vous de moi ! (Mouvement général.)

S'il y a crime, c'est vous qui l'avez fait ; c'est vous,
par vos principes, par les actes solennels du gouvernement. S'il y a crime, c'est vous qui l'avez inspiré par
les sentiments dont vous avez voulu animer la France
entière, vous qui avez déclaré déchu de ses droits, de
son rang, de son nom, le neveu de l'Empereur ; vous
qui, sous la proscription même, avez nourri le jeune

prince dans l'idée de ses droits; et vous voulez le juger?
Et pour qu'il soit plus facile de déterminer votre résolution, pour mieux constituer ses juges, vous dites que
ses projets étaient insensés ! vous flétrissez son entreprise ! Le succès serait-il donc devenu la base des lois
morales et du droit ! quelque faiblesse, quelque illusion qu'il y ait dans une entreprise, ce n'est pas le
nombre des soldats, ce n'est pas le nombre des armes
qu'il faut compter, c'est le droit, les principes, vous ne
pouvez pas en être juges. Ce droit, ces principes, ils
ne sont pas diminués par le ridicule jeté sur l'entreprise. Je ne me suis pas laissé effrayer par le discours
dédaigneux de M. l'Avocat-Général. Écoutez-moi : vous
êtes les premiers de l'État, vous composez le plus
grand corps politique : il y a un arbitre éternel entre
le juge et l'accusé. Avant de juger, devant cet arbitre,
la main sur la conscience, à la face du pays, sans consulter la faiblesse des moyens, dites-vous : s'il eût
réussi, j'aurais nié son droit, je l'aurais méconnu, je
l'aurais repoussé. Celui de vous qui dira : S'il avait
réussi, s'il avait triomphé, j'aurais nié son droit,
je l'aurais méconnu, je l'aurais repoussé, que celui-là
le condamne. Si vous constituez un tribunal, si le code
pénal est applicable, quelle peine y trouverez-vous ?
la mort. La mort ! vous ne la voulez pas. Malgré vous,
en vous constituant juges, vous ne voudrez faire un
acte politique, vous ne voudrez pas froisser à ce point
les passions, les sentiments que vous avez cherché à
exalter. Vous ne voudrez pas le même jour attacher le
même nom sur un tombeau de gloire et sur un échafaud. (Mouvement.)

Vous mettrez la loi de côté, non par indulgence,

mais parce que la politique vous l'imposera. Que ferez-vous ? le jetterez-vous au loin sur une île déserte, pour qu'une autre tombe de Sainte-Hélène contienne d'autres glorieux ossements ?

Vous prononcerez une peine infamante ? Dans une chambre française, une condamnation à une peine infamante sur ce nom n'est pas possible. Dans ces jours, dans ces temps, une condamnation infamante ne sera pas le premier gage de paix à venir que vous jetterez à l'Europe.

On veut que vous soyez des juges, on veut que vous prononciez une peine contre le neveu de Napoléon ; qui êtes-vous, Messieurs? En remontant à l'origine de vos existences, ducs, comtes, barons, ministres, maréchaux-d'empire ; qui a fait vos droits, vos titres, vos grandeurs ? votre capacité sans doute était grande : mais votre zèle, votre dévouement, ont été récompensés, sanctionnés par les magnificences de l'Empire ; c'est Napoléon qui vous a donné le droit de siéger ici.

La question est politique, toute politique ; rendez le prince à l'exil, c'est la vie que vous lui avez faite. Que la loi s'exécute ; voilà le seul arrêt que la chambre des pairs puisse rendre. La condamnation aurait quelque chose d'immoral, en présence des engagements imposés, en présence des souvenirs de votre vie, en présence des causes servies, des bienfaits reçus. Ce serait une immoralité, je le répète.

Messieurs, j'ajoute sans crainte : Il y une logique inévitable et terrible dans l'intelligence et dans les instincts des peuples. Quiconque a violé une seule loi morale, doit attendre le jour où on les brisera toutes sur lui-même. (Vive agitation.)

SENTENCE

DE 300 ANS AVANT L'ÈRE CHRÉTIENNE.

Quand un protecteur du peuple en est devenu le tyran, ne pensez pas qu'il s'entoure de la pompe et du faste royal, ni qu'il goûte en repos les avantages de son rang. Toujours inquiet, debout sur le trône fragile qu'il s'est élevé, il renverse *à droite* et *à gauche* tous ceux qui lui portent ombrage. Il sourit gracieusement à ceux qui ont travaillé à son élévation, il leur prodigue ses carresses, il distribue des présens à ses favoris ; il traite sa faction avec une tendresse et une douceur toutes paternelles.

Il a soin d'entretenir quelque crainte de guerre afin que le peuple sente le besoin qu'il a d'un chef ; il le charge d'impôts afin de l'appauvrir, de l'occuper de sa misère présente et de le mettre hors d'état de rien entreprendre.

Cependant cette conduite crée des mécontents, les plus braves de ceux qui ont contribué à l'élévation du tyran s'entretiennent entre eux sur sa conduite ; ils font entendre leurs plaintes, ils osent les porter jusqu'à lui-même : il faut donc que le tyran s'en défasse, s'il veut régner en paix, et que, sans distinction d'ami ou d'ennemi, il perde tous ceux dont le mérite lui porte ombrage. Triste condition du despote ! Il faut qu'il périsse ou qu'il se réduise à vivre avec des gens sans vertu ; qu'il s'entoure d'esclaves, et qu'il se condamne à la haine et au mépris des gens de bien.

Mais la fidélité des esclaves s'achète avec de l'or. D'où tirera-t-il de quoi pourvoir à l'entretien de ses satellites ? Ce fils dénaturé vivra aux dépens de son père : c'est-à-dire que le peuple qui a créé le tyran, en paiera les attentats et nourrira son oppresseur.

En vain essaiera-t-il de rejeter le joug qu'on veut lui imposer : si dans sa colère il s'emporte contre son maître ; s'il ose lui dire qu'il n'a pas prétendu, en l'élevant aux honneurs, se le donner pour souverain ni devenir son esclave, qu'il l'a appelé pour qu'il le délivrât de l'oppression des riches et pour l'affranchir du joug des *honnêtes gens*, qu'il lui ordonne d'abdiquer la souveraineté et de lui remettre les pouvoirs qu'il lui a confiés ; il verra alors quel monstre il a nourri et élevé dans son sein.

Il sentira, mais trop tard, qu'en voulant éviter la fumée d'une prétendue servitude, il est tombé dans le despotisme le plus violent, et il paiera de l'esclavage le plus dur et le plus amère une liberté mal entendue.

DISCOURS

DE L'ABBÉ BONNEVUE,

PROFESSEUR DE PHILOSOPHIE ET DOCTEUR EN THÉOLOGIE.

> Vous les établirez pour commander
> à toute la terre . . . . .
> PSAUME 44, ☝ 17.

Toute peine vaut salaire. Les lois de l'équité demandent que dans une nation les citoyens soient récompensés des maux qu'ils font à leurs concitoyens. L'intérêt général exige que les hommes les plus utiles soient les plus considérés ; que ceux qui sont inutiles soient honnis et méprisés ; que ceux qui sont dangereux soient détestés et châtiés : c'est sur ces principes évidents que nous devons régler nos jugements. Les rangs, les prérogatives, les honneurs, les richesses, sont des récompenses que la société, ou ceux qui la représentent, décernent aux personnes qui lui rendent les plus importants services, et dont elle a le plus besoin : si la société se trompait là-dessus, si elle accumulait les marques de sa reconnaissance sur des personnes indignes, inutiles ou dangereuses, elle se nuirait à elle-même, et sa conduite extravagante viendrait infailliblement de quelque opinion fausse ou de quelque préjugé.

Ces principes sont de nature à n'être contestés par

personne. Ils sont suivis dans toutes les nations, qui, par les avantages qu'elles accordent, semblent reconnaître toujours les avantages qu'elles reçoivent elles-mêmes, ou du moins qu'elles attendent. Elles rendent leurs hommages aux souverains, elles leur confient un pouvoir plus ou moins étendu, elles leur accordent des revenus et des subsides parce qu'elles les regardent comme les sources du bonheur national, parce qu'elles veulent les dédommager des soins pénibles du gouvernement. Elles honorent les savants, les grands et les nobles, parce qu'elles les regardent comme les défenseurs de l'État, comme des citoyens plus éclairés que les autres et capables de les guider en aidant le souverain dans les travaux de l'administration. Enfin ces nations montrent la vénération la plus profonde aux prêtres, parce qu'elles les regardent, avec raison, comme un ordre d'hommes choisis par la divinité même pour guider les autres dans la voie du salut, qui doit être l'objet des plus ardents désirs des peuples, lorsqu'ils sont assez sages pour sentir la préférence que méritent les biens éternels et durables sur les biens temporels et méprisables de ce monde, qui n'est qu'un passage pour arriver à une vie beaucoup meilleure.

La religion est un des plus grands mobiles des hommes. Les fausses religions, qui sont l'ouvrage de l'imposture, partagent avec la vraie, qui est l'ouvrage de la divinité, le droit de faire des impressions vives et profondes sur l'esprit des nations. Pénétrés de respect pour une divinité toujours incompréhensible, agités de craintes et d'espérances, en un mot, religieux, tous les peuples de la terre ont regardé les prêtres comme les plus utiles des hommes, comme ceux dont les lu-

mières et les secours leur étaient les plus nécessaires ;
en conséquence, dans tout pays le clergé constitua
toujours le premier ordre de l'État ; il fut en droit de
commander à tous les autres ; il jouit des plus grands
honneurs, il fut comblé de richesses, il eut un pouvoir
supérieur même à celui des souverains, qui furent en
tout temps obligés de fléchir le genou devant les ministres des puissances inconnues qui reçoivent les
adorations des hommes.

Presque en tout temps et partout les prêtres ont
été les maîtres des rois ; loin que le pouvoir s'étendît
sur les ministres du ciel, il fut obligé de leur céder.
Les prêtres jouirent de la grandeur, de la considéra-
tion, de l'impunité. Souvent ils justifièrent leurs excès
par les volontés des Dieux qui furent eux-mêmes à
leurs ordres ; en un mot, le ciel et la terre furent for-
cés de leur obéir, et les souverains ne trouvèrent
d'autre moyen d'exercer l'autorité qui leur avait été
confiée, qu'en se soumettant eux-mêmes à l'autorité
plus redoutable des ministres des Dieux.

Les prêtres des religions fausses que nous voyons
répandues sur la terre jouissent donc, ainsi que les
prêtres de la vraie religion, du pouvoir le plus illimité.
Tout est bien reçu par les peuples, quand il est mer-
veilleux ou quand il vient de la divinité. Ils n'exami-
nent jamais rien d'après leurs prêtres, qui sont partout
accoutumés à commander à leur raison et à subjuguer
leur entendement. Ne soyons donc point surpris si
nous voyons partout le sacerdoce jouir de priviléges
immenses, de richesses inépuisables ; nous le voyons
tirer parti d'une foule d'inventions que sur sa parole
l'on regarde toujours comme divines. Les prêtres ont

sacrifié des hommes presqu'en tout pays. Il fallait rendre les Dieux terribles pour que leurs ministres fussent et plus respectés et mieux récompensés. Ils ont introduit des usages religieux utiles à leurs plaisirs, à leur avarice et à leurs passions ; enfin, ils ont commis des crimes aux yeux des peuples, qui sous le charme où ils étaient, bien loin de les punir, leur ont su gré de leurs excès, et se sont imaginés que le ciel leur deviendrait plus propice à mesure que leurs prêtres seraient plus criminels.

Chez les Phéniciens, Moloch demandait qu'on lui sacrifiât des enfants ; on lui faisait des sacrifices semblables. Chez les Carthaginois, la déesse de la Tauride voulait qu'on lui immolât les étrangers ; le dieu des Mexicains exigeait des milliers de victimes humaines ; les Druides, chez les Celtes, sacrifièrent les prisonniers de guerre. Le dieu Mahomet voulait qu'on étendît sa religion par le fer et par le feu, et par conséquent exigeait qu'on lui sacrifiât des nations entières. Enfin les prêtres du Dieu vivant ont, comme de raison, plus fait périr d'hommes pour l'appaiser, que les prêtres de toutes les nations ensemble n'en ont jamais immolé.

En effet, ce qui est abus et crime dans les fausses religions devient légitime et saint dans la vraie religion. Le dieu que nous adorons est, sans doute, plus grand et ne doit pas être moins redoutable que les faux Dieux des payens ; ses prêtres ne doivent être ni moins respectés ni moins récompensés que les leurs. En conséquence, nous voyons que les ministres de Jéhovah, sans s'amuser à fouiller dans les entrailles de quelques victimes, soit d'hommes soit d'animaux, ont tout d'un coup fait égorger des villes, des armées, des nations, en l'honneur de la vraie divinité ; ce fut sans doute pour prouver sa supériorité et pour nous pénétrer du saint respect qui est dû à ses ministres. Ainsi, loin de leur faire un crime de ces sacrifices nombreux qu'ils ont faits ou causés sur la terre, ils doivent nous inspirer de hautes idées de notre Dieu : loin de les blâmer de ces saintes persécutions, de ces saintes boucheries, de ces supplices inouis, qui paraissent des atrocités et des crimes à des yeux prévenus, nous devons leur en savoir gré, nous devons admirer les notions merveilleuses et sublimes qu'ils nous donnent de notre Dieu ; nous devons redoubler de soumission pour ses ministres, qui nous apprennent sa grandeur et qui font de si grandes choses pour lui plaire. Il est vrai que l'humanité rebelle peut quelquefois se révolter contre des pratiques que la nature et la raison désapprouvent, mais nous savons que la nature est corrompue et que la raison nous trompe : la foi seule nous suffit, et avec de la foi nos prêtres n'ont jamais tort.

C'est donc par les yeux de la foi que nous devons considérer les actions de nos prêtres, et alors nous trouverons toujours que leur conduite est juste, et que celle qui paraît criminelle ou déraisonnable est souvent l'effet d'une sagesse profonde, approuvée par la divinité, qui ne juge point des choses comme les faibles mortels. En un mot, avec beaucoup de foi nous ne verrons jamais dans les actions du clergé rien qui puisse nous scandaliser.

Cela posé, il nous sera facile de justifier nos prêtres et nos évêques des prétendus excès que leur reprochent des hommes profanes ou superficiels, ou des impies qui manquent de foi. On les accuse souvent d'une ambition démesurée ; on est révolté de l'orgueil de ces pontifes qui s'arrogent le droit de commander aux souverains eux-mêmes, de les déposer, de les priver de la couronne. Mais au fond est-il rien de plus légitime ? les princes ainsi que leurs sujets ne sont-ils pas soumis à l'Église ? les représentants des nations ne doivent-ils point céder aux représentants de la divinité ? Est-il quelqu'un sur la terre qui puisse le disputer à ceux qui sont les dépositaires de la puissance du Très-Haut.

Rien n'est donc mieux fondé, aux yeux d'un chrétien rempli de foi, que les prétentions du sacerdoce. Rien n'est plus criminel que de résister aux ministres du Seigneur ; rien n'est plus présomptueux que de vouloir se placer sur la même ligne qu'eux ; rien de plus téméraire que de prétendre les juger, ou soumettre des hommes tout divins à des lois humaines. Les prêtres sont sous la juridiction de Dieu, et comme ce sont eux qui sont chargés de l'exercer, il s'ensuit que les prêtres ne peuvent être soumis qu'aux prêtres.

Les relations de quelques voyageurs nous apprennent que sur la côte de Guinée, les rois sont obligés de subir une cérémonie sacerdotale nécessaire à leur inauguration, et sans laquelle les peuples ne reconnaîtraient pas leur autorité. Le prince se met à terre, tandis que le pontife lui marche sur le ventre et lui met le pied sur la gorge, en lui faisant jurer qu'il sera toujours obéissant au clergé.

Si le Pontife d'une misérable fétiche exerce un droit si honorable, à plus forte raison quel doit être le pouvoir du souverain Pontife des chrétiens, qui est le vicaire de Jésus-Christ sur la terre, le représentant du Dieu de l'Univers, le vice-gérant du roi des rois.

Tout homme bien pénétré de la grandeur de son Dieu, doit être pénétré de la grandeur de ses prêtres ; autant vaudrait-il nier l'existence de Dieu que de refuser les hommages qui sont dûs à ses ministres ; celui qui désobéit aux ministres chargés par un monarque d'exercer son autorité, est sans doute un rebelle qui résiste au monarque lui-même. L'on voit donc que rien ne doit être plus grand sur la terre qu'un prêtre, qu'un moine, qu'un capucin, et que les princes des prêtres sont les plus grands des mortels. Le curé est toujours le premier homme de son village, et le pape est, sans contredit, le premier homme du monde.

Le salut est la seule chose nécessaire ; nous ne sommes en ce monde que pour l'opérer avec crainte et en tremblant ; nous devons craindre Dieu et trembler devant ses prêtres. Ils sont les maîtres du ciel, ils en possèdent les clés, ils savent seuls le chemin qui y mène ; d'où il suit évidemment que nous devons leur obéir préférablement à ces rois de la terre, dont le pouvoir ne s'étend que sur les corps, tandis que celui des prêtres s'étend bien au-delà des bornes de cette vie. Que dis-je ? si les rois eux-mêmes ont, comme ils doivent, le désir de se sauver, il faut qu'ils se laissent aveuglément conduire par les guides et les pilotes spirituels, qui seuls sont en état de procurer le bonheur éternel à ceux qui se montrent dociles à leurs leçons! Il suit de là que les princes qui manquent de docilité à leurs prêtres, manquent indubitablement de foi ; et peuvent, par leur exemple, anéantir la foi dans l'esprit de leurs sujets. Mais comme sans foi il est impossible de se sauver, et comme la plus importante des choses est de se sauver, on doit en conclure que c'est au clergé à voir ce qu'il faut faire des princes qui sont indociles et sans foi. Souvent il trouve qu'il importe qu'un prince meurt pour l'exemple, doctrine très-déplaisante pour les rois, très-nuisible à la société ; mais dont les Jésuites assurent que l'Église doit très-bien se trouver, et que le très Saint-Père n'a jamais eu le courage de condamner.

On voit donc que les princes sont en conscience et par intérêt obligés d'être toujours soumis au clergé ; les souverains n'ont de l'autorité dans ce monde que pour que l'Église prospère : l'État ne pourrait être heureux si les prêtres n'étaient contents ; c'est, comme on sait, de ces prêtres que dépend le bonheur éternel, qui doit bien plus intéresser les princes eux-mêmes que celui d'ici-bas. Ainsi leur autorité doit être subordonnée à celle des prêtres qui savent seuls ce qu'il faut faire pour arriver à la gloire. Le souverain ne doit donc être que l'exécuteur des volontés du clergé, qui n'est lui-même que l'organe des volontés divines. Cela posé, le prince ne remplit son devoir et ne doit être obéi que quand il obéit à Dieu, c'est-à-dire à ses prêtres ; dès que ceux-ci le jugent nécessaire au bien de la religion, il est de son devoir de tourmenter, de persécuter, de bannir, de brûler ceux de ses sujets qui ne travaillent point à leur salut, qui sont hors du chemin qui y conduit, ou qui peuvent contribuer à égarer les autres.

En effet, tout est permis pour le salut des hommes ; rien de plus légitime que de faire périr le corps pour rendre l'âme heureuse ; rien de plus avantageux à la politique chrétienne que d'exterminer de vils mortels qui mettent obstacle aux saintes vues des prêtres. Ainsi, loin de reprocher à ceux-ci les cruautés salutaires, qu'ils ont souvent employées pour ramener les esprits, on aurait dû leur permettre de redoubler, s'il est possible, ou du moins de rendre plus durables les rigueurs qu'ils font éprouver aux mécréans; cela leur rendrait, sans doute, plus aimable la religion qu'on veut leur faire embrasser. Celui qui découvrirait un moyen de rendre les supplices des hérétiques plus longs et plus douloureux, ferait, sans doute, un grand bien à leurs âmes, et mériterait très-bien de l'Eglise et de ses ministres.

Aussi, loin de blâmer la sévérité que les ministres de la religion exercent ou font exercer par les bras séculiers, c'est-à-dire par les princes, les magistrats et les bourreaux, sur ceux qu'ils ont dessein de ramener au giron de l'Eglise, un bon chrétien devrait seconder leur zèle charitable et imaginer de nouveaux moyens, plus efficaces que les anciens, pour déraciner les erreurs et pour sauver les âmes.

Que l'on cesse donc de reprocher à l'Eglise ses persécutions, ses exils, ses prisons, ses tortures, ses bûchers. Plaignons-nous, au contraire, en voyant que toutes ces saintes rigueurs, employées dans tous les siècles, n'ont point eu l'effet désiré. Tâchons de découvrir quelques moyens plus sûrs d'extirper les hérésies, et surtout ne recourons jamais à la douceur ni à une lâche tolérance, qui, si elle est conforme à l'humanité, serait incompatible avec l'esprit de l'Eglise, ou avec le zèle dont un chrétien doit brûler; avec l'humeur d'un Dieu terrible; avec le caractère de ses prêtres, qui pour obtenir nos respects et nos hommages, doivent être encore plus terribles et plus inexorables que lui.

C'est avec aussi peu de fondement que les impies reprochent aux ministres du Seigneur ces querelles aussi intéressantes que sacrées, qui sont les causes les plus fréquentes des troubles, des divisions, des persécutions, des guerres de religion, des révolutions, que l'on voit arriver ici-bas. Ces aveugles ne voient-ils pas qu'il est de l'essence d'une Église militante de combattre toujours ? S'ils avaient de la foi, ils verraient que la Providence, pleine de bontés pour ses créatures, veut les sauver ; que les souffrances et les malheurs sont les vraies routes du salut ; que le bonheur et la tranquillité engourdiraient les nations dans une indifférence dangereuse pour l'Église et ses ministres ; qu'il est de l'intérêt des chrétiens de vivre dans la misère, l'indigence et les larmes ; qu'il est de l'intérêt de la religion que ses prêtres disputent, que leurs sectateurs se battent, que les peuples soient malheureux en ce monde pour être heureux dans l'autre. Toutes ces vues importantes se découvrent à ceux qui ont le bonheur d'avoir une foi bien vive ; rien n'est plus propre à remplir ces mêmes vues que les disputes opiniâtres des théologiens, qui pour accomplir les projets favorables de la Providence, nous donnent lieu d'espérer qu'ils se querelleront et qu'ils mettront leurs sectateurs aux prises jusqu'à la consommation des siècles.

Loin de reprocher, comme on fait, l'avarice et la cupidité aux ministres de l'Église, ne devrait-on pas montrer la reconnaissance la plus sincère à des hommes qui se dévouent pour nous, qui se chargent de nos

possessions , souvent acquises par des voies iniques ,
qui nous débarrassent des richesses qui mettraient des
obstacles infinis à notre salut ? c'est pour que les nations se sauvent que le clergé les dépouille. Il ne les
plonge dans la pauvreté que pour les détacher de la
terre et de ses biens périssables, afin de s'attacher
uniquement aux biens durables qui les attendent en
paradis , s'ils sont bien dociles à leurs prêtres et bien
généreux à leur égard.

Quant à l'inimitié pour la science dont on fait un
crime au clergé , elle est formellement prescrite par
l'écriture sainte ; la science enflerait les laïques, c'est-
à-dire , les rendrait insolens et peu dociles à leurs
guides spirituels ; les chrétiens doivent demeurer dans
une enfance perpétuelle ; ils doivent rester toute leur
vie sous la tutelle de leurs prêtres , qui ne voudront
jamais que leur bien. La science du salut est la seule
qui soit vraiment nécessaire , pour l'apprendre, il suffit
de se laisser mener. Que deviendrait l'Église si les
hommes s'avisaient de raisonner ?

Que dirons-nous des avantages inestimables qui
résultent pour les hommes de la théologie ? De saints
prêtres sont perpétuellement occupés à méditer pour
les autres les éternelles vérités. A force de rêver et de
se creuser le cerveau , ils parviennent à découvrir les
idées sans lesquelles les nations vivraient dans les té-
nèbres de l'erreur. A force de syllogismes, ils viennent
à bout d'éteindre pour toujours l'affreux bon sens, de
dérouter la logique mondaine, de fermer la bouche à
la raison , qui jamais ne doit se mêler des affaires de
l'Église. A l'aide de cette théologie, les femmes mêmes
sont à portée d'entrer dans les querelles de religion

et le peuple est au fait des vérités nécessaires au salut.

A l'égard de la morale, qu'on accuse les prêtres de pervertir, de changer en pratiques et en cérémonies, de mépriser eux-mêmes ou de ne point enseigner aux hommes ; ceux-ci n'ont aucunement besoin d'une morale humaine qui serait trop souvent incompatible avec la morale divine et surnaturelle. Les vérités chrétiennes que nos prêtres nous enseignent sont-elles donc faites pour être comparées à ces vertus chétives et méprisables qui n'ont pour objet que le bonheur de la société ? Cette société est-elle donc destinée à être heureuse ici-bas ? ne lui vaut-il pas mieux d'avoir la foi qui la soumet aux prêtres, l'espérance qui la soutient dans les maux qu'on lui fait, la charité si utile au clergé ? N'est-ce donc pas assez, pour se sauver, d'être humble, c'est-à-dire bien soumis ; d'être dévôt, c'est-à-dire bien dévoué à tous les saints caprices de l'Église, de se conformer aux pratiques qu'elle ordonne, enfin d'être, sans y rien comprendre, bien zélé pour ses décisions ? les vertus sociales ne sont bonnes que pour des payens, elles deviendraient inutiles ou même nuisibles à des chrétiens ; pour se sauver, ils n'ont besoin que de la morale de leurs prêtres, qui, bien mieux que les philosophes, savent ce qu'il faut faire pour cela. Les vertus chrétiennes, la morale évangélique, les pratiques de dévotion, les cérémonies, sont d'un grand produit pour l'Église ; les vertus humaines ou profanes ne lui donnent aucun profit et sont souvent très-contraires à ses vues.

Cela posé, quel est l'homme assez ingrat ou assez aveugle pour refuser de connaître les fruits que la société retire de ces prédications continuelles, de ces instructions réitérées que nous font des docteurs zélés, dont la fonction pénible est de nous répéter sans cesse les mêmes vérités évangéliques, que le peu de foi des hommes les empêche de comprendre. Depuis dix-huit siècles les nations sont prêchées et nous avons lieu de croire qu'elles le seront encore long-temps. Si l'on nous dit que malgré les efforts incroyables de ces prêtres et de nos saints moines, on ne voit guères d'amendement, nous dirons que c'est un effet sensible de la Providence, qui veille toujours sur ses prêtres et qui sent bien que si les hommes se corrigeaient, s'ils avaient des lois plus sensées, une éducation plus honnête, une morale plus intelligible, une politique plus sage, les prêtres ne seraient plus bons à rien. Il est, sans doute, entré dans les vues de la Providence que les hommes fussent toujours méchants pour que leurs guides spirituels eussent toujours le plaisir de les prêcher et d'être éternellement payés de leurs instructions éternelles.

La politique mondaine et la morale profane sont, grâce à notre sainte religion, entièrement négligées. La première consiste à s'entendre avec les prêtres, la seconde à se conformer exactement aux pratiques qu'ils ordonnent; c'est sans doute assez pour que la religion fleurisse et que l'Eglise prospère. Aujourd'hui toute la politique consiste à se lier d'intérêt avec le clergé, et toute la morale consiste à l'écouter.

Si les hommes s'avisaient, un jour, de songer sérieusement à la politique ou à la morale humaine, ils pourraient se passer de la religion et de ses ministres. Mais sans religion et sans prêtres que deviendraient les nations? elles seraient assurément damnées; il n'y

aurait plus chez elles ni sacrifices, ni couvents, ni expiations, ni pénitences, ni confessions, ni sacrements,
ni aucunes de ces pratiques importantes ou de ces cérémonies intéressantes dont, depuis, tant de siècles,
nous éprouvons les bons effets, et qui font que les
sociétés humaines sont si soumises au sacerdoce. Si
les hommes allaient se persuader qu'il faut être doux,
humain, indulgent, équitable, on ne verrait plus
de discordes, d'intolérance, de haines religieuses, de
persécutions, de criailleries, si nécessaires au pouvoir
de l'Eglise. Si les princes sentaient qu'il est utile que
leurs sujets vivent dans l'union, que le bon sens et la
justice exigent que l'on souffre que chacun pense
comme il voudra, pourvu qu'il agisse en honnête
homme et en bon citoyen ; si ces princes, au lieu de
catéchisme, allaient faire enseigner une morale intelligible, que serait-il besoin de disputes théologiques,
de conciles, de canons, de formulaires, de professions
de foi, de bulles, etc., qui sont pourtant nécessaires au
bien de la religion, et si propres à exciter les saints
tumultes dans les Etats ? Enfin, si les êtres raisonnables s'avisaient jamais de consulter leur raison, que
le sacerdoce a si sagement proscrite, que deviendrait
la foi sans laquelle nous savons que l'on ne peut être
sauvé ?

Tout cela nous prouve évidemment que l'Eglise n'a
nul besoin de cette morale humaine et raisonnable, que
l'on a la témérité d'opposer à la morale divine, évangélique, et qui pourrait causer à-la-fois la ruine de la
religion et du sacerdoce, dont on ne peut point se passer. Si les souverains consultaient la raison, l'équité,
les intérêts futiles d'une politique terrestre, ils veille-

raient à l'instruction des peuples, ils feraient des lois sages, ils rendraient leurs sujets raisonnables, ils seraient adorés chez eux. Sur le pied où sont les choses, les princes ennemis de l'idolâtrie n'ont pas tant de peines à prendre, il leur suffit d'être dévôts, ou bien soumis aux prêtres, qui seuls doivent être adorés, pour que tout aille le mieux du monde ; l'autorité temporelle n'est en danger que quand l'Eglise est mécontente, et dès lors, comme on sait, cette autorité ne peut être légitime.

Quant aux mœurs religieuses des sujets, les seules qui soient nécessaires à l'Eglise, les prêtres y pourvoiront toujours ; ils les confesseront, ils les absolveront, ils leur diront des messes, ils leur administreront des sacrements, et quand ils seront à la mort, ils leur remettront facilement tous les crimes de leur vie, pourvu qu'ils soient bien généreux à l'endroit du clergé : Que peut-on désirer de plus d'aller en paradis ? Les prêtres en ont les clés ; ainsi la morale des prêtres suffit, toute autre morale est inutile ou dangereuse ; elle anéantirait les absolutions, les indulgences, les expiations, les scrupules, les donations à l'Eglise ; en un mot, toutes les choses qui contribuent à la puissance du sacerdoce et à la gloire de Dieu.

Ces réflexions sommaires doivent suffire pour nous faire sentir les obligations immenses que nous avons au clergé : je les récapitule en peu de mots. C'est à l'ambition si légitime des prêtres que nous devons les combats continuels du sacerdoce et de l'Empire, qui pour le bien de nos âmes ont depuis tant de siècles désolé les États, dérouté la politique humaine, et rendu les gouvernements faibles et chancelants. C'est à la ligue du Sacerdoce et de l'Empire que les peuples, en plusièurs pays, sont redevables du despotisme, des persécutions, des saintes tyrannies qui ont dévasté, *pour la plus grande gloire de Dieu*, les plus florissantes contrés. C'est aux saintes querelles des prêtres entre eux que nous devons les hérésies et les persécutions des hérétiques; c'est aux hérésies que nous devons la très-sainte Inquisition, les bûchers et ses tortures, ainsi que les exils, les emprisonnements, les formulaires, les bulles, etc., etc., qui, comme on sait, remédient parfaitement aux erreurs et les empêche de s'étendre. C'est au zèle du sacerdoce que nous devons les révolutions, les séditions, les guerres de religion, les régicides et les autres spectacles édifians que la religion depuis dix-huit siècles procure à ses enfants chéris. C'est à la sainte avidité du sacerdoce que les peuples sont redevables de l'indigence heureuse, de ce découragement salutaire, qui étouffent l'industrie partout où les prêtres sont puissans. C'est à leur louable inimitié pour la science que nous devons le peu de progrès des esprits dans les connaissances mondaines et leurs progrès immenses de la théologie. C'est à leur morale toute divine que nous devons l'heureuse ignorance où nous sommes de la morale humaine, qu'il serait bon d'oublier. Enfin, c'est à leurs saintes tracasseries que nous devons les épreuves qui nous conduiront au salut.

Joigner à tout cela les prières ferventes, les instructions charitables, l'éducation merveilleuse dont depuis tant de siècles les nations recueillent très-visiblement les fruits, et vous reconnaîtrez, mes frères, que vous ne sauriez trop faire pour des hommes qui se dévouent pour notre bien en ce monde, et à qui, suivant toute apparence, nous devrons un jour le bonheur éternel en échange de celui dont ils nous privent ici-bas.

Ainsi, que tout bon chrétien se pénètre d'un respect profond pour les prêtres du seigneur; qu'il sente les obligations immenses qu'il leur a ; que les princes les placent sur le trône à leurs côtés, ou plutôt qu'ils leur cèdent une place qui ne peut être plus dignement occupée ; qu'ils commandent également aux souverains et aux sujets ; qne revêtus d'un pouvoir illimité, toutes leurs volontés soient reçues sans murmure par les nations dociles ; ils ne peuvent jamais abuser de leur puissance, elle tendra toujours nécessairement au bien-être de l'Église, qui ne sera jamais qu'une seule et même chose avec le clergé.

En effet, ne nous y trompons, mes chers frères, l'Eglise, la religion, la divinité même, sont des mots qui ne désignent que le sacerdoce, envisagé sous différents points de vue. L'Eglise est un nom collectif pour désigner le corps de nos guides spirituels ; la religion est le système d'opinions et de conduite imaginé par ces guides pour nous mener plus sûrement. A force de théologie, la divinité s'est elle-même identifiée avec vos prêtres ; elle ne réside plus que dans leur cerveau, elle ne parle que par leur bouche, elle les inspire sans cesse, elle ne les dément jamais.

D'où vous voyez que vos prêtres sont ce que vous connaissez de plus sacré dans l'Univers. Ces prêtres forment l'Eglise ; l'Eglise décide du culte et de la religion ; la religion est l'ouvrage de l'Eglise dans laquelle Dieu ou l'esprit de Dieu ne peut se dispenser de résider. D'après ces vérités si frappantes, auxquelles l'incrédulité la plus audacieuse ne peut point se refuser ; vous voyez que les droits du clergé sont vraiment des *droits divins*, puisqu'ils ne sont que les droits de la divinité même. Les intérêts du clergé sont les intérêts de

Dieu lui-même. Les droits, les intérêts, la cause du clergé ne peuvent se séparer de ceux de la divinité, qui réside en eux, de même que l'âme réside dans le corps et s'affecte de tout ce qui fait impression sur ce corps. En un mot, Dieu, la religion, l'Eglise sont la même chose que les prêtres; c'est de cette trinité que résulte l'Etre unique que l'on nomme clergé.

En fixant ou simplifiant ainsi vos idées, mes très-chers frères, tout le système de la religion se découvrira sans nuages à vos yeux. Vous comprendrez que le culte divin est l'hommage que le clergé juge nécescessaire d'imposer aux nations, vous sentirez que nos dogmes sont les opinions de ce même clergé, vous verrez que la théologie est l'enchaînement de ces mêmes opinions; vous concevrez que les disputes du clergé sur les dogmes viennent du peu d'harmonie qui subsiste quelquefois entre Dieu qui est l'âme de l'Église et les prêtres qui en sont le corps. Vous reconnaîtrez que Dieu, la religion et l'Église doivent changer d'avis quelquefois, puisque le clergé est forcé d'en changer. Vous comprendrez qu'obéir à Dieu, à la religion, à l'Église, c'est obéir au clergé, et par conséquent que rejimber contre le clergé, c'est se révolter contre le ciel; en médire, c'est blasphêmer; le mépriser, c'est être impie; l'attaquer, c'est s'en prendre à Dieu lui-même; toucher ce qui lui appartient, c'est commettre un sacrilége; enfin vous sentirez que ne point croire au clergé, c'est être ATHÉE, c'est ne point croire en Dieu lui-même.

Monarques! grands de la terre, nations, tombez donc en tremblant dans la poussière aux pieds de vos prêtres divins; baisez les traces de leurs pas. Pénétrez-vous d'une sainte frayeur. Profanes! qui que vous soyez, rampez comme des insectes devant les ministres du Très-Haut; ne levez jamais un front audacieux devant les maîtres de votre sort ; ne portez jamais un œil curieux dans le sanctuaire redoutable, ni sur les importans mystères de vos guides sacrés ; tout ce qu'ils disent est vérité, tout ce qu'ils ordonnent est utile et sage, tout ce qu'ils exigent est juste; tout ce qu'ils enseignent sont des arrêts du ciel, ce serait un crime affreux de les examiner. Souverains ! montrez l'exemple de l'obéissance, de la crainte, du respect le plus servile : Sujets ! quand vos prêtres l'exigent, forcez vos souverains à plier sous le joug. Princes de la terre ! votre pouvoir dépend de votre soumission aux ministres du ciel ; tirez donc l'épée pour eux, exterminez pour eux, appauvrissez vos peuples pour les faire vivre dans la splendeur et l'abondance. Nations ! dépouillez-vous vous mêmes pour accumuler vos richesses périssables sur des hommes tout divins, à qui seuls la terre appartient : sinon, redoutez la vengeance des ministres courroucés du dieu de la vengeance ; songez qu'il est en colère contre la race humaine ; songez que ses bienfaits ne sont dûs qu'aux prières de ses favoris, devant lesquels jamais vous ne pouvez trop vous abaisser. Enfin, souvenez-vous toujours que ce n'est que par leurs recommandations et leur crédit que vous pourrez entrer dans le séjour de la gloire et mériter l'éternelle félicité, qui seule est digne d'occuper vos pensées ; vous ne l'obtiendrez qu'en vous rendant malheureux ici-bas, qu'en y rendant vos prêtres heureux, qu'en vous soumettant sans examen à toutes leurs volontés. Voilà le chemin du bonheur.   AMEN.

EXTRAIT des progrès de l'esprit humain,
par L. GAUDEAU.

Dans les républiques anciennes, où le territoire était peu étendu, et où, en cas d'attaque, il s'agissait d'être ou de ne pas être, tout citoyen naissait soldat. Dans les monarchies qui ont précédé notre âge, les formes militaires étaient à-peu-près mesurées à l'étendue territoriale, à la population, aux revenus de l'État. Excepté chez les Anglais, les mots *Patrie* et *Patriotisme* étaient vides de sens pour les masses que les souverains envoyaient aux combats, ou pour des querelles de roi à roi. Disons mieux : ces mots magiques, qui eurent depuis un si puissant retentissement sur le sol français, n'étaient jamais prononcés devant des troupes, en partie mercenaires, qui les aurait à peine compris.

Mais il y eut dans notre pays, il y a un demi-siècle, une époque, la plus grande des annales du monde moderne, époque d'enthousiasme, d'enivrement, d'exaltation, de hautes pensées, de grands sentimens, de folies, de bouleversemens, d'élans d'abord louables et généreux, puis outrepassant le but de toute institution sociale. A cette époque pourtant, et il faut le dire, 24 millions d'hommes s'aperçurent tout-à-coup qu'ils avaient une patrie : que cette France était aussi leur France à eux, et non pas seulement la France d'un seul homme : et quand cette patrie, cernée d'un immense cordon d'hommes armés, servant d'autres intérêts et d'autres principes, jeta le cri d'alarme, 1500 mille de ses enfans se levèrent, et partant comme d'un vaste foyer en cent rayons excentriques, firent face aux hommes armés des rois qui ne voulaient autre chose que démembrer la France comme ils avaient démembré la Pologne ; ils rompirent ce cordon meurtrier, refoulèrent ces hommes armés dans les États de leurs maîtres étonnés, effrayés, et la France n'eut pas le sort de la Pologne. Il était sublime cet élan: nous l'avons vu; nous avons coopéré à ce dévouement sans exemple de jeunes soldats, qui presque nus, encore imberbes, se précipitaient sur ces masses colossales, attaquaient avec audace les figures brunes de ces Germains, de ces Hongrois, de ces Saxons, de ces Anglais, de ces Bataves, qui les appelaient d'abord *Figures de lait* (milchgesichter) et qui inondaient ensuite leurs moustaches de grosses larmes, quand ils étaient obligés de rendre les armes à ces guerriers de vingt ans.

On pouvait blâmer, abhorrer même une grande partie de ce qui se faisait dans l'intérieur ; mais là rien à blâmer, tout à admirer. D'autres gloires ont brillé depuis sur le front de nos guerriers, elles étaient belles ! mais des croix, des récompenses étaient offertes à leur valeur, tandis qu'aux soldats emportés par ce premier élan, rien n'était promis, rien n'était montré, que le devoir sacré de défendre la patrie, et le bonheur de l'avoir sauvée ; alors des chants enivrants comme ceux de Tyrtée précipitaient de jeunes héros sur les masses, les files, les canons, les remparts des ennemis stupéfaits, et la foudre n'était pas plus rapide. De cet héroïsme sans exemple, il est resté la France, que sans lui nous n'aurions plus et des institutions que nous n'avions pas encore. Des gloires de l'Empire il est resté la France aussi, et la colonne de la place Vendôme : disons le : on a peut être trop tôt oublié les campagnes de 1792 à 1802.

AN 497 DE ROME.

Les Romains, après plusieurs conquêtes dans l'île de Corse et dans la Sardaigne, portèrent la guerre et la terreur de leurs armes jusqu'aux portes de Carthage.

L. *Manlius* et Q. *Céditius*, consuls, furent chargés de cette expédition. Mais *Céditius* étant mort pendant son consulat, on lui substitua *M. Attilius Régulus*, per-

sonnage consulaire, grand capitaine, austère dans ses
mœurs, sévère à lui-même comme aux autres, et qui
avait conservé encore la tempérance et le désintéres-
sement des premiers Romains.

Ces deux généraux mirent à la voile, avec une
flotte de 340 vaisseaux et chargée de 140,000 hommes
de débarquement. Les Carthaginois leur opposèrent
une flotte aussi nombreuse, composée de vaisseaux
plus légers, et qui allaient mieux à la voile. Mais il
s'en fallait beaucoup que le soldat carthaginois égalât
le romain en valeur. Le combat fut long et opiniâtre,
et la fortune passa plus d'une fois de l'un et de l'autre
côté. Tant que les vaisseaux combattaient, pour ainsi
dire, plutôt que les hommes, les Carthaginois l'emportèrent par leur adresse et par leur expérience ;
mais les Romains qui montaient des vaisseaux gros-
sièrement construits, pesants et lourds, ayant accroché
ceux des Carthaginois, on commença à se battre de
pied ferme et comme sur terre. Pour lors la valeur
des Romains qui combattaient à la vue de leurs consuls, l'emporta sur des étrangers et des troupes auxi-
liaires, gens qui ne font la guerre que comme ils feraient un métier, seulement pour vivre et sans amour
pour la gloire, ni le zèle pour le parti qu'ils servent(1).
La flotte Carthaginoise se dispersa par la fuite, et le
passage demeura libre aux Romains, qui après avoir
abordé aux côtes d'Afrique, prirent d'emblée la ville
de Clupéa, et ravagèrent ensuite le pays ennemi d'où
ils enlevèrent 20,000 captifs.

Les Consuls envoyèrent à Rome donner avis de
cette victoire, et demander de nouveaux ordres. Le
Sénat leur fit savoir qu'il souhaitait que *Manlius* ra-

____

(1) Polyb. lib. II Jonaras. Eutropius, lib. II, cap. 21, Orosius
Florus, lib. II, cap. II.

menât en Italie une partie de la flotte, dont on pouvait avoir besoin pour conserver les conquêtes de la Sicile, et que *Régulus* restât en Afrique pour y faire la guerre. Le temps de son consulat étant expiré, on lui continua le même emploi, avec le titre de proconsul. Mais peu de temps après il demanda un successeur et son congé, sur les avis qu'on lui donna(1), que le fermier, qui cultivait ses arpents de terre était mort, et que son valet avait dérobé les outils nécessaires au labourage, *Régulus* représenta au Sénat, par ses lettres, que sa femme et ses enfants étaient exposés à mourir de faim, si par sa présence et son travail il ne rétablissait lui-même ses affaires domestiques. Le Sénat, pour ne pas interrompre le cours des victoires de *Régulus*, ordonna qu'on fournirait des aliments à sa femme et à ses enfants ; que sa terre serait cultive aux dépens du public, et qu'on achéterait de nouveaux instruments nécessaires pour le labourage; récompense modique, si on en considére le prix ; mais qui fait plus d'honneur à la mémoire de ce vertueux Romain, que tous ces titres pompeux dont on décore tous les jours des hommes nouveaux dont les noms ne seront peut-être connus dans la postérité que dans le pays oú ils ont fait la guerre.

____

(1) Val. Max. lib. IV, cap. 4, art. 6.

____

Imprimerie L. HACHETTE et Comp., rue des Consuls.